板楯蛮

巫觋文化

李特入蜀　流民起义

李氏家族

丛书主编 周伟洲

成汉国史

高然 范双双 著

社会科学文献出版社
SOCIAL SCIENCES ACADEMIC PRESS (CHINA)

本书获西华师范大学出版基金资助

左图：成都金堂出土成汉墓陶俑

右图：成都浆洗街桓侯巷出土成汉陶俑

上图：成都金堂成汉墓出土铜"军司马印"

下图：汉兴钱

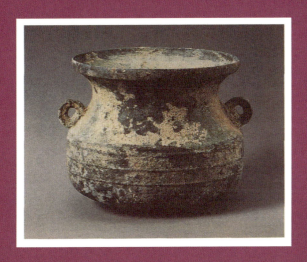

上图：四川什邡市虎头山成汉至东晋时期崖墓出土铜釜（德阳
市文物考古研究所、什邡市文物保护管理所：《四川什邡市虎
头山成汉至东晋时期崖墓群》，《考古》2007 年第 10 期）

下图：四川什邡市虎头山成汉至东晋时期崖墓出土铜锅（德阳
市文物考古研究所、什邡市文物保护管理所：《四川什邡市虎
头山成汉至东晋时期崖墓群》，《考古》2007 年第 10 期）

总　序

　　中国的史学传统可谓源远流长，几乎每一个在中国历史上存在过的政权，都有人为之撰写历史。中国历史上的十六国时期（316～439）[1]，虽然仅是中国几千年历史长河中的一小段，但却有其丰富的内容和鲜明的时代特点。早在一千多年前，封建史学家就撰写过十六国时期各个政权的专史（国别史），如在唐代魏徵等撰的《隋书》卷三三《经籍志二》所列遗存的"霸史"共二十七部三百三十五卷中，就有二十六部

---

[1] 大致相当于西晋灭亡至北魏灭北凉，统一整个北方的时期，即公元316年至439年。

十六国国别史。其中，最著名、对后世影响最大的当推北魏崔鸿撰《十六国春秋》一百卷。可惜以上诸书均先后散佚，只是在唐宋时期编纂的各种类书及其他史书中，有上述霸史的一些辑文。[1]

由于过去的封建史家囿于民族偏见，受传统的封建正统史学观点的束缚，视五胡十六国为僭伪，贬之过甚。特别是隋唐以后的历代史家，认为十六国是"五胡乱华"的黑暗时期，十六国政权是"僭伪"之国，不值得为它们撰写历史；即便是撰写中国历史，对十六国也着墨不多。加之十六国时史官所撰的各国史书及隋以前有关十六国的史书，均先后散佚，后世撰写十六国国别史极为困难。

1949 年中华人民共和国成立后，中国广大的史学工作者以马克思主义唯物史观为指导，开创了中国史学繁荣的新局面。特别是 1978 年改革开放以来，国内史学研究进入一个新的繁荣时期，魏晋南北朝史研究更加深入，

1　参见〔日〕五胡之会编《五胡十六国霸史辑佚》，燎原书店，2012。

十六国史论著也不断问世。加之全国各地相继发掘了大批五胡十六国时期的珍贵文物和古籍，重新撰写十六国国别史成为可能。因此，20世纪80年代以来，国内相继出版了一系列十六国的国别史。

我们这套"十六国史新编"丛书，就是从20世纪80年代以来国内出版的或正在撰写的一批十六国国别史中，选出其中学术水平较高、大致符合国别史体例的著作编辑而成。主要包括下列著作：

1.《成汉国史》，高然、范双双著；2.《汉赵国史》，周伟洲著；3.《后赵史》，李圳著；4.《五燕史》，赵红梅著；5.《前秦史》，蒋福亚著；6.《后秦史》，尹波涛著；7.《赫连夏国史》，吴洪琳著；8.《南凉与西秦》，周伟洲著；9.《五凉史》，赵向群著。

以上九部著作大致涵盖了所谓"五胡十六国"的十六个国家（政权）。之所以称之为"新编"，则主要有如下原因。

第一，以上九部著作均在尽可能收集整理有关史料及参考古今有关研究论著的基础上，完全摈弃了过去封建史家的正统论及民族歧视和不平等等观点，以马克思主义唯物史观为指导重新审视和评述十六国历史。

第二，从前封建史家所撰十六国史，仅注重该国的政治事件、军事及与邻近各族所建政权的关系，而"十六国史新编"还加强了对十六国的政治制度、社会经济、文化风俗（包括宗教信仰）及民族的认同、迁徙及融合等方面的论述。

第三，"十六国史新编"还特别注意吸取文物考古的新资料，以及中外最新的相关研究成果。

第四，"十六国史新编"采取现代通行的专著体例和形式，用章节目的体例撰写并详加引文注释，最后附有大事年表、索引等。

由于"十六国史新编"有的撰写出版于 20 世纪 80 年代至 90 年代初（如《汉赵国史》《南凉与西秦》《前秦史》），距今已过去三十多年，在此期间国内外有关五胡十六国史的研究又取得了长足的进步，有众多的新

成果问世。如日本学者川本芳昭撰《魏晋南北朝时代
的民族问题》（汲古书院，1998）、三崎良章撰《五胡
十六国的基础研究》（汲古书院，2006）及氏撰《五胡
十六国——中国史上的民族大迁徙》（东方书店，2015
年第三版）、五胡之会编《五胡十六国霸史辑佚》（燎
原书店，2012）等等。中国学者赵丕承编著《五胡史
纲》（艺轩图书出版社，2000）、刘学铫撰《五胡史纲》
（南天书局，2001）、陈勇撰《汉赵史论稿——匈奴屠
各建国政治史考察》（商务印书馆，2009）、贾小军撰
《魏晋十六国河西史稿》（天津古籍出版社，2009）及
氏撰《魏晋十六国河西社会生活史》（甘肃人民出版社，
2011）、陈琳国撰《中古北方民族史探》（商务印书馆，
2010）及咸阳市文物考古研究所编《咸阳十六国墓》
（文物出版社，2006）、郭永利撰《河西魏晋十六国壁
画墓》（民族出版社，2012）等。而这些研究成果，上
述十六国国别史则已不能参考引用，只能保持其在一定
历史时期中的成果及特征了。

　　其次，新编的九部十六国国别史，是由近十位作
者撰写的，因此各书在体例、文字、着重点上，均与

各个作者的专业、学养、经历等有关，故各书体例、内容的取舍、文字等各方面不尽相同，各具特色。

再次，有关五胡十六国的历史，近二十余年来，中外学者的研究更加广泛和深入，也出现了一些不同的观点和看法，有一些与"十六国史新编"相左，甚至有相反的观点。[1]这应是学术界"百家争鸣"的正常现象。我们保留"十六国史新编"中的观点和结论，以期引起中外学者的讨论和争鸣。

最后，感谢"十六国史新编"的各位作者，感谢社会科学文献出版社欣然决定出版此套丛书。

周伟洲

陕西师范大学中国西部边疆研究院

2019 年 1 月 30 日

1　比如仅关于最基本的"五胡""屠各""羯胡""拓跋""护军制""汉化""胡化"等概念，学界均有不同的解析。

目 录

绪　论

成汉（304~347）为两晋十六国时期流民李氏集团在巴蜀地区建立的少数民族割据政权，也是这一时期第一个少数民族割据势力。成、汉虽为两个国名，但均为李氏家族所建，且在制度、疆域、经济、文化各方面前后相承，故多一并视之。

　　成汉史研究历来为治西南历史，尤其是巴蜀区域历史者所重，但因其资料稀少和较为零散，故成果总量并不多。总的来看，对成汉政权及李氏集团的研究在20世纪50年代开始兴起，目前已有专著1部、论文40余篇。其中杨伟立《成汉史略》一书是最为系统的成汉国别史著作，但一如书名所示，全书以叙为主，且叙述较为简略——字数不足8万字，整体分析深度不足。杨伟立更早的《賨人建国史略》一文也是如此。[1] 而在魏晋南北朝断代史、魏晋南北朝民族史专著中也都会涉及李氏流民集团与成汉历史，但也多以一般描述为主。[2]

专门的成汉研究则主要有流民起义及成汉政权性质问题，李氏族属与成汉治理问题，汉化与成汉兴亡、特点问题，宗教、文化问题，以及对成汉相关考古发现的简报及研究等。[3] 总之，自20世纪50年代以来的70年中，成汉相关研究成果较为丰富，目前的研究集中在道教与李氏、成汉关系问题，李氏与成汉发展、汉化问题，成汉政权的区域开发问题，以及早期研究中的李氏流民起义与成汉政权性质四个方面，但也还存在一些问题。

一是很少有成果将成汉政权放回两晋十六国时期

1　杨伟立：《成汉史略》，重庆出版社，1983；《賨人建国史略》，《西南民族学院学报》（人文社科版）1980年第3期。

2　此类专著较多，如白翠琴《魏晋南北朝民族史》（四川民族出版社，1996）等，在此不再赘举。

3　相关研究可参见范双双、高然《20世纪50年代以来的成汉史研究述评》，《北华大学学报》（社会科学版）2017年第3期。

的大历史背景中做全面的、有深度的分析。成汉作为较早的少数民族割据政权，其内外交织了当时社会的各种矛盾，如流民与政府矛盾，社会、民族、文化矛盾，外来群体与巴蜀地方豪强矛盾，巴蜀地区新旧"移民"矛盾，巴蜀区域与全局关系矛盾等。在这种矛盾交织的复杂环境中，李氏集团为了生存和发展，进行了各方面的调整，这些措施既有符合两晋十六国整体社会特征的共性一面，也有适应西南区域独特性的一面，这就需要将成汉历史放在时代大背景中加以深度解读。

二是目前的成果中单一性研究较多，综合比较分析较少，这包含三方面内容：第一，将成汉与同时代其他"相似""相异"政权进行综合比较分析的较少；第二，将成汉政权内部各利益集团、各民族、文化群体之间加以综合比较分析的较少；第三，将成汉发展中的政治、军事、社会、经济、民族、文化等加以综合分析的较少。

三是研究视角、研究方法的相对单一也是目前成汉研究难以突破的影响因素之一。以往大多从历史学角度对成汉政权加以"传统研究"，[1] 而要在传统文献史料[2] 基础上寻求突破，就需要借助多学科——如与历史学关系较为密切的考古学、民族学、政治学等学科——的理论与方法，进行多视角的解读，为成汉历史研究打开出路。

　　本书即基于以上对于成汉历史研究情况的认识，结合前人研究成果，重新书写一部较为完备的成汉国史，以求在一定程度上弥补相关研究的不足。

1　这一点在大陆以外学者的研究中也存在，相关研究可参见台湾学者黄繁光《成汉的兴亡》(《史学汇刊》第6卷)，日本学者狩野直祯《五胡时代の豪族——巴蜀の豪族と成汉国》(《历史教育》1966年14-5)、船木胜马《魏书賨李雄传杂考》(《中央大学文学部纪要史学科》1992年37)等。
2　因成汉政权存续时间较短，故相关考古资料并不多，可在成汉历史研究中有突破影响的就更为稀少了。

李氏族属与早期发展

〖第一章〗

李氏为出身巴西宕渠（今四川渠县东北）的少数民族。在成汉建国前，李氏集团自汉至晋经历了漫长的发展，其群体构成也在不断地发生变化，这对李氏入蜀、建国，以及其后的发展均产生了深远影响。

　　一　李氏族属

　　李氏一族的族源、族属多部史书均有记载，但其内容略有不同。

　　《华阳国志·李特雄期寿势志》载：

　　　　李特，字玄休，略阳临渭人也。祖世本巴西宕渠賨民，种党劲勇，俗好鬼巫。……移于略阳北土，复号曰"巴【人】氏"。[1]

《太平御览》引崔鸿《十六国春秋·蜀录》记曰：

> 李特，字玄休，巴西宕渠人。其先廪君之苗
> 裔。秦并天下，以为黔中郡，薄赋其人，口岁出钱
> 四十。巴人谓赋为賨，遂因名焉。……迁略阳……
> 所在号为巴人。[2]

《魏书·賨李雄传》与《太平御览》所引基本
相同：

> 賨李雄，字仲俊，盖廪君之苗裔也。其先居于
> 巴西宕渠。秦并天下，为黔中郡，薄赋其民，口出

1　（晋）常璩著，任乃强校注《华阳国志校补图注》卷9《李特雄
期寿势志》，上海古籍出版社，1987，第483页。（以下所用除特
殊标明之外，均为任乃强校注本，故只注为《华阳国志》）
2　（宋）李昉：《太平御览》卷123《偏霸部七·蜀李特》，上海书店，
1985。

钱三十，巴人谓赋为"賨"，因为名焉。[1]

《晋书·李特载记》记为：

> 李特字玄休，巴西宕渠人，其先廪君之苗裔
> 也。……秦并天下，以为黔中郡，薄赋敛之，口岁
> 出钱四十。巴人呼赋为賨，因谓之賨人焉。……自
> 巴西之宕渠迁于汉中杨车坂，抄掠行旅，百姓患
> 之，号为杨车巴。魏武帝克汉中，特祖将五百余家
> 归之，魏武帝拜为将军，迁于略阳，北土复号之为
> 巴氐。[2]

从以上说法来看，李氏族属大致有巴（巴氐）、
賨、廪君蛮三种。现对其分别加以分析。

首先是巴人（巴氐）。从涉及巴人的《太平御览》

1 （北齐）魏收：《魏书》卷96《賨李雄》，中华书局，1974，第
2110页。
2 （唐）房玄龄：《晋书》卷120《李特载记》，中华书局，1974，
第3021~3022页。

引《十六国春秋》《晋书》几段记载来看，这里谈李氏为"巴"并非谈其族属，更多的是指地域概念——巴地、巴西之人。《太平御览》引《十六国春秋》以李氏等人自巴西宕渠迁到略阳，故"所在号为巴人"，明显以所来之地加以称呼；《晋书》所记同理，只是记其自巴西宕渠迁入汉中杨车坂，即被称为"杨车巴"，是李氏等到了汉中等地以后，被冠以旧籍贯以与本地人或其他地区迁入者相区分，并非谈其族属。

而史籍中的"巴氏"这一称谓比较奇特，目前学术界有据此持李氏为氏人观点者[1]，也有以"巴氏"为一新群体者[2]，另有以"巴氏"为巴、氏混称

1　如刘扬《浅析成汉的汉化》(《宜宾学院学报》2007 年第 5 期)直接以成汉为氏族政权。

2　如陈连庆《中国古代少数民族姓氏研究》(吉林文史出版社，1993，第 323 页)、程刚《巴氏人的起源与成汉政权的建立》(《信阳农业高等专科学校学报》2005 年第 4 期) 等直接把巴氏作为一族称。缪钺《〈巴蜀文化初论〉商榷》〔《缪钺全集》第一卷（上）《冰茧庵读史存稿》，河北教育出版社，2004，第 321 页〕、周伟洲《魏晋南北朝时期北方民族与民族关系研究（中）》〔《北方民族大学学报》（哲学社会科学版）2016 年第 1 期〕等以"巴氏"为巴人而氏化者。

者[1]。其实"巴氏"一词的使用有两种情况，一是前引李氏一族被称为"巴氏"；二是李氏军事集团被称为"巴氏"，如《华阳国志·大同志》中提到谯登、文

1　如姚薇元认为李氏为巴西賨民，"载记所谓杨车巴及巴氏者，乃李氏徙居汉中及略阳时，他族所加之号，非其本名"，以李特属氐族为误〔《北朝胡姓考》（修订本），中华书局，2007，第379页〕，认定李氏为巴人，而巴氏的出现是其他人对李氏所加他称。周一良也赞同姚薇元的观点，认为"巴人为确，《晋书》作巴氏者误，后世史家更有径目李氏为氐族者，更不妥矣"，"所谓巴氏，盖是魏时习用之混称，亦可能是巴人之误，因上洛乃巴人聚居之地也"。《魏晋南北朝史札记》"李氏称巴氏"条，中华书局，2007，第116页。刘琳校注《华阳国志》时观点同于周一良前一说法，认为巴氏"谓与氐族杂居之巴人"。（晋）常璩撰，刘琳校注《华阳国志校注（修订版）》卷9《李特雄期寿势志》，成都时代出版社，2007，第361页【三】。任乃强校注《华阳国志》中认为所谓巴氏，是关中动乱之时，"此辈流民子孙又复流还蜀地，则已不称賨民而称'巴氏'。《大同志》'巴氏那得前'，是蜀人称流民军为巴氏也"，也认定巴氏为后出之他称，但同时又认为《晋书·李特载记》所称"巴氏"即应来自《华阳国志》。由此认定旧刻《华阳国志》中的"巴人"当是巴氏之伪。《华阳国志》卷9《李特雄期寿势志》，第485页注①。按：任乃强又认为流民中则包括"六郡大姓"和"氐叟"，而所谓六郡大姓"皆巴氏也"，但并没有令人信服的论证。这又与周一良所提出的巴氏为巴人之误正相反。

石、张罗等人对李氏集团构筑起军事防线以后，有
"巴氐那得前"之语。这两种使用情况应该分别加以
探讨，但以上各家都没有针对这两种不同使用情况分
别展开论证。张泽洪则对"巴氐"有较为全面的辨
析，在系统地梳理和分析了史籍中出现的"巴氐"一
词后认为，史籍中巴人和氐人并称是很普遍的，"《华
阳国志·大同志》中之'巴氐'，本是巴人和氐人的
并称，但由于成汉政权系巴人李氏建立，后世史家误
以为'巴氐'即指'巴人'，故《魏书·李崇传》，
《晋书》之《李特载记》《刘曜载记》述及巴人活动时
皆误作'巴氐'。将'巴人'记作'巴氐'，纯系史
书误笔"[1]，指出了"巴氐"本来是巴、氐并称的一种
惯例，但在此后史书传抄过程中存在将"巴人"写为
"巴氐"的疏误，最终以讹传讹，给后来的认定带来
麻烦。张泽洪对"巴氐"史料搜集较为完备、辨析清
楚，应可采信。[2]

1　张泽洪：《"巴氐"辨疑》，《西北民族研究》1990 年第 5 期。
2　如杨铭《氐族史》书中即用其说。《氐族史》，商务印书馆，
2014，第 37~38 页。

此处在张泽洪论证的基础上再略做申论。其一是李氏族属的"巴氏"。《十六国春秋·蜀录》资料来自常璩《蜀书》，与《华阳国志》同源。而《十六国春秋》中此处作"巴人"而不作"巴氏"，实与《华阳国志》旧刻各本[1]相同。就此来看，《华阳国志·李特雄期寿势志》中旧刻"巴人"应该是对的，任乃强依据《华阳国志·大同志》不同语境记载中出现的"巴氏"，以及更晚的《晋书》中的"巴氏"而将此处直接改为"巴氏"是比较牵强的。其二是李氏军事集团的"巴氏"。从时间点来看，《华阳国志·大同志》中"巴氏"称呼的出现正好承接魏晋氏人迁徙、分布到"陇右的天水（即汉阳）、南安、广魏（即略阳）三郡"[2]，李氏等巴人迁徙进入略阳等地，二者混居之前并无"巴氏"的说法。且从李氏军事集团构成来看，其中也包括了大量氏人。以"巴氏"来称呼李氏军事集团，应是将首领之巴人李氏和集团中大量氏人并列的

1　参见《华阳国志》卷9《李特雄期寿势志》，第485页注①。

2　马长寿：《氏与羌》，广西师范大学出版社，2006，第33页。

说法，而非突然出现之新族。就"巴氏"将李氏认定
为巴人氏化则显得证据不足。[1]

综上，《华阳国志·李特雄期寿势志》出现的"巴
人"其实不误，各书对李氏族属的描述中应该只称其
为"巴人"，故《华阳国志》中有"复号"字样，即
针对其旧号"巴人"而来，《晋书》的记载实为史书误
笔。其他各处出现的"巴氏"则为巴人、氐人群体合
称，指代李氏军事集团，是带有蔑称性质的，而非单
指李氏。

其次是賨人。賨也并非专门的少数民族族称，而
是对某一与中原王朝关系特殊群体的描述，是在黔中
郡地区缴纳赋口岁四十钱的人群，因巴人称"赋"为
"賨"而被称为賨人。而缴纳賨税的并非只是单一少数
民族，应是包括这一地区的众多族群；缴纳賨税的人
群也绝非全部被称为賨人，如江玉祥即指出缴纳賨赋
之人并非尽谓賨人，盘瓠之裔的武陵蛮（五溪蛮）虽

---

[1] 李氏文化特征、李氏军事集团构成及其与氐族关系见后论。

纳赉赋却不称赉人。[1] 因此，赉也并非族称，而是指缴纳赉赋人群中居于黔中郡的一部分。

最后是廪君苗裔。廪君苗裔的说法较为普遍，也是对李氏族属的直接描述。而廪君蛮的来源，较为清晰的记载最早见于《世本》：

巴郡南蛮，本有五姓：巴氏、樊氏、瞫氏、相氏、郑氏。皆出于武落钟离山。其山有赤黑二穴，巴氏之子，生于赤穴，四姓之子，皆生黑穴。未有君长，俱事鬼神，乃共掷剑于石穴，约能中者，奉以为君。巴氏子务相，乃独中之，众皆叹。又令各乘土船，约能浮者，当以为君。余姓悉沈，唯务相独浮。因共立之，是为廪君。乃乘土船从夷水至盐阳。盐水有神女谓廪君曰："此地广大，鱼盐所出，愿留共居。"廪君不许。盐神暮辄来取宿，旦即化为虫，与诸虫群飞，掩蔽日光，天地

1 江玉祥：《赉人与赉国——宕渠历史文化散论》，《西华大学学报》（哲学社会科学版）2014 年第 2 期。

晦冥。积十余日，廪君思其便，因射杀之，天乃开明。廪君于是君乎夷城。

廪君之先，故出巫诞也。[1]

巴郡南蛮亦写作巴郡南郡蛮或巴蛮，即以巴郡为中心，以巴、樊、暷、相、郑五姓为主的蛮族，崇拜始祖廪君，故也被称为廪君蛮；在此之前则出于"巫诞"。对于巫诞，徐中舒认为："巫是地名，诞是族名，诞今作蜑，蜑就是水居民族。他们习惯居住在大水两岸，所以《后汉书·板楯蛮传》说：'阆中有渝水，其人多居水左右。'"[2] 从廪君集团以乘土船决定首领人选，并且乘船从夷水到盐阳（今湖北省恩施自治州境内），占据夷城发展壮大等情况来看，其为依托大水的水居民族"蜑"的说法较为准确。但同时古籍的记载又带来另一问题，即廪君蛮与紧邻的板楯蛮关系。对此问

1　分见（汉）宋衷注，（清）秦嘉谟等辑《世本八种》，中华书局，2008；王谟辑本，第16页；张澍稡集补注本，第79页。
2　徐中舒：《巴蜀文化初论》，载氏著《徐中舒历史论文选辑》，中华书局，1998，第1037页。

题认识产生了诸多分歧。[1]

关于板楯蛮,《华阳国志》较早地记载了其情况,《华阳国志·巴志》曰:

> 秦昭襄王时,白虎为害,自黔、蜀、巴、汉患之。秦王乃重募国中:"有能煞虎者邑万家,金帛称之。"于是夷朐忍廖仲、药何、射虎秦精等乃作白竹弩于高楼上,射虎。中头三节。白虎常从群虎,瞋恚,尽搏煞群虎,大呴而死。秦王嘉之曰:"虎历四郡,害千二百人。一朝患除,功莫大焉。"欲如约,嫌其夷人。乃刻石为盟要:复夷人顷田不租,十妻不算;伤人者,论;煞人雇死倓钱。盟曰:"秦犯夷,输黄龙一双。夷犯秦,输清酒一钟。"夷人安之。汉兴,亦从高祖定乱,有

---

1 如王万隽即总结道:"廪君蛮、板楯蛮和賨人等究竟是同一民族还是不同族,又或是同一族的不同支系,则在学界之中各有各说,争论不休。"《秦汉魏晋安南北朝时期的蛮族研究综述》,载《中国中古史研究:中国中古史青年学者联谊会会刊》第 2 卷,中华书局,2011,第 224 页。

功。高祖因复之，专以射虎为事。户岁出賨钱口四十。故世号白虎复夷。一曰板楯蛮，今所谓弜头虎子者也。

汉高帝灭秦，为汉王，王巴、蜀。阆中人范目，有恩信方略，知帝必定天下，说帝，为募发賨民，要与共定秦。秦地既定，封目为长安建章乡侯。帝将讨关东，賨民皆思归；帝嘉其功而难伤其意，遂听还巴。谓目曰："富贵不归故乡，如衣绣夜行耳。"徙封阆中慈乡侯。目固辞。乃封渡沔侯。故世谓"三秦亡，范三侯"也。目复除民罗、朴、昝、鄂、度、夕、龚七姓不供租赋。阆中有渝水。賨民多居水左右，天性劲勇；初为汉前锋，陷阵，锐气喜舞。帝善之，曰："此武王伐纣之歌也。"乃令乐人习学之。今所谓《巴渝舞》也。[1]

从这段记载来看，板楯蛮因缴纳賨赋而称賨民，世号白虎复夷。文化上有长于射虎、擅长"巴渝舞"

---

1 《华阳国志》卷1《巴志》，第14页。

等特色，这也是较为符合李氏长于射猎等特征的。姚薇元认为賨民"即汉世之板楯蛮夷也"。[1]任乃强即指出賨与板楯为一个民族，不过巴郡、巴东人称之为板楯，巴西人称之为賨耳。[2]而在各段记载中，廪君蛮并无缴纳賨赋的说法，其承担的义务记载为：

> 及秦惠王并巴中，以巴氏为蛮夷君长，世尚秦女，其民爵比不更，有罪得以爵除。其君长岁出赋二千一十六钱，三岁一出义赋千八百钱。其民户出幏布八丈二尺，鸡羽三十镞。[3]

可知李氏族属记载中同时出现的廪君蛮和賨人板楯蛮实为两个不同的群体，这一情况导致学者在认定廪君蛮与賨人板楯蛮关系之时产生了很大的分歧。

认为两者同族的，如陈寅恪认为巴族依杜君卿

1　姚薇元：《北朝胡姓考》（修订本），第380页。

2　《华阳国志》卷9《李特雄期寿势志》，第485页注①。

3　（南朝·宋）范晔：《后汉书》卷86《南蛮西南夷传》，中华书局，1962，第2841页。

《通典》，即南蛮中廪君一种。杜氏用《后汉书》文，除其神话一节。《后汉书》中巴郡、南郡蛮事、神话采自《世本》。《通典》唯"巴梁间诸巴皆是也"一语为《后汉书》所无，乃杜氏依其民族姓氏及地域之名考证所得之结论，宜可信从也，也可与《晋书·李特载记》《魏书·賨李雄传》参证。晋、魏二书之文当俱源出《十六国春秋》，《十六国春秋》已失传，但崔鸿、魏收之书俱北朝著述，其作者之环境及资料既同，书中巴族之定义自无差别。若复取《通典》论断之语相参校，益信君卿所说为不谬也。[1] 章冠英认为"廪君蛮、巴郡南郡蛮、板楯蛮、賨人、巴氏，都是一个民族的不同称呼。按该族传说中的始祖，则称为廪君蛮；……按使用的武器，则称之为板楯蛮"。[2] 任乃强认为二者为同源异流者。在巴国已经建成，或其已就灭亡之后，有巴族率五姓民东逾武落钟离山，入居于

1　陈寅恪:《魏书司马叡传江东民族条释证及推论》，《金明馆丛稿初编》，三联书店 2001 年版一、2009 年版二，第 80~81 页。

2　章冠英:《两晋南北朝时期民族大变动中的廪君蛮》，《历史研究》1957 年第 2 期。

夷水地区。其道向东，渐远巴地，流向在楚，与奠居巴境而北徙之賨民为背驰异趣之巴民两支。廪君之后徙居荆湘，被称为"蛮"；賨民之北徙者多在关陇六郡，被称为巴氏。[1]

　　江玉祥认为否认廪君蛮、板楯蛮同为一族的论据主要有三：第一，发源地不同，一在清江（夷水），一在嘉陵江（渝水）；第二，姓氏不同，巴有五姓，板楯蛮有七姓；第三，传说信仰不同，一为拜虎，一为射虎。但江氏考证姓氏之间的差别，认为巴族的姓是大姓的姓，代表一种部落组织，每一个大姓就是一个部落。巴氏统治其余四姓，不过是一种部落联盟形式。秦汉以后姓氏合一，秦汉以后的姓即先秦的氏，秦汉板楯蛮七姓实际是七个世袭大家族。两者时代不同，秦汉板楯蛮七姓与巴族五姓不能比较，更不能作为賨人（板楯蛮）的族属特征。关于巴人崇拜白虎问题，白虎可能是原始巴人氏族的图腾崇拜，进入春秋战国后的巴国时代，这种"以人祠焉"的白虎崇拜就

1　《华阳国志》卷9《李特雄期寿势志》，第486页注①。

消失了，仅从铜器上的虎纹和铜虎雕塑看，想象猜测
那或许是远古白虎崇拜的孑遗。而秦汉时期的板楯蛮
"以射白虎为业"，则是一种射猎生产方式。这种射猎
生产方式同于僚人，《说文》犬部曰："獠，猎也。"故
晋至隋唐一些文献上賨人（板楯蛮）又有僚称。而主
张巴族（廪君种）和賨（板楯蛮）是两种民族者又常
引两条史料。《三国志·武帝纪》："巴七姓夷王朴胡、
賨邑侯杜濩举巴夷、賨民来附。"《文选》卷44"陈琳"：
"巴夷王朴胡、賨邑侯杜濩，各帅种落。"以上二者并列，
应为两族。但此说亦可解释，《资治通鉴》卷67"建安
二十年"条胡三省注："杜濩，賨邑侯也。朴胡，巴七姓
夷王也。余据板楯蛮渠帅有……七姓，不输租赋，此所
谓七姓夷王也。其余户岁入賨钱，口四十，故有賨侯。"
所谓巴夷，就是巴七姓夷王的部曲，而賨民即賨侯下属
"岁入賨钱"的賨人，只是板楯蛮内部的阶层不同，并
非两个民族。[1] 此类观点在学术界较为通行。

---

1 江玉祥：《賨人与賨国——宕渠历史文化散论》，《西华大学学
报》（哲学社会科学版）2014年第2期。

另有学者认为两者是有明显区别的，如童恩正认为从古至今不少研究者将巴族（廪君种）和板楯蛮（賨）混为一谈，这是错误的。这两种民族发源地不同，一在清江（夷水），一在嘉陵江（渝水）；姓氏不同，巴族有五姓，板楯蛮有七姓；传说信仰不同。且廪君的记载最早见于《世本》，但《世本》中并无"板楯蛮"的痕迹。以后在《后汉书》中虽然既有"廪君"又有"板楯蛮"，但二者是分段记载的，从全文体例看明显是指两种不同的民族。正式将二者混为一谈的，是北齐时撰的《魏书·李雄传》和唐初的《晋书·李特载记》。以后杜佑的《通典》、马端临的《文献通考》等书又沿袭了这个错误，以讹传讹，影响于今。[1]杨伟立又指出在东汉末年，巴与賨的区别还是清楚的。賨人于秦时称夷，汉后以赋而称賨。[2]陈连庆又提出二者对政府租税负担不同，说明彼此社会经济发展阶段不同。《晋书》之所以混淆，是因为至西晋时期二者已经

1　童恩正：《古代的巴蜀》，四川人民出版社，1979，第45~46页。
2　杨伟立：《成汉史略》，重庆出版社，1983，第1~4页。

逐渐融合，且板楯蛮北上、南下，与廪君蛮、氐族之间不易划清界限。[1]类似观点还有程刚等的研究。[2]

任乃强认为其间的误解在于，所谓廪君死后魂魄化为白虎，即秦昭王时为害四郡之白虎，"廪君之裔，即鄂西施南盆地之古'夷族'。自称其是白虎后裔者，或即以白虎为图腾。其人本巴王之支族，于巴国亡后，曾屡图复国，叛于黔中，侵扰巴、汉、蜀郡。卒为忠顺于秦之賨民合力击败，乃遁走入楚，为'巴郡南郡蛮'。巴人不能详传其故事，但喻为射杀白虎。若其如此，则'白虎复夷'与'白虎夷'恰为对立之两种民族。白虎复夷为板楯，为賨民。白虎夷，则巴族遗裔之称也"[3]。

此外又有鲁西奇对整个"蛮"族系统的传统认识提出了质疑，也认为廪君、板楯蛮即便有某种联系，

1　陈连庆:《中国古代少数民族姓氏研究》，第209页。
2　程刚:《巴氏人的起源与成汉政权的建立》，《信阳农业高等专科学校学报》2005年第4期。
3　任乃强:《华阳国志》卷1《巴志》，第15页注④。

也绝不可能同属一族。[1]

关于这一问题,最早的《世本》仅见廪君蛮,且无早期发展的准确时代。此后的《水经注》《后汉书》《通典》等均采用这一说法。而其与内地的联系是到了《后汉书》中才有所记载,为秦并巴中以后廪君蛮与秦建立了臣属关系。板楯蛮最早出现在《后汉书》中,对于其祖先的记述始于秦昭王,因为秦解决虎患而得以与秦订立盟约,秦汉以后因赋税而被称为赛人[2],因常用板楯而被称为板楯蛮。另从史籍年代来看,最早《后汉书》中确是分列二者,除将二者同列于《南蛮传》中之外,并未直言二者联系为何。而此处并二者为蛮,更应该是如其文中所引《礼记》"南方曰蛮"这

1 鲁西奇:《释"蛮"》,《文史》第三辑,中华书局,2008。
2 此处具体得名时间各书记载不同,《后汉书》记为汉高祖定三秦以后征收赛钱,《通典》同于《后汉书》;《太平御览》引《十六国春秋》,《魏书》则记为秦并天下以后即征收赛钱,《晋书》《太平寰宇记》等同于《十六国春秋》。以各书来看,《后汉书》成书于五世纪中叶左右,《十六国春秋》成书于六世纪初,《后汉书》成书在前,且范晔为南朝刘宋人,崔鸿则为北魏人,巴蜀地入刘宋,故范晔记巴蜀之事应更准确。

类将南方少数民族统称为"蛮"的一种模糊民族认识，绝非有细致的考证。[1]将两者混为一谈的，最早见《太平寰宇记》引《晋中兴书》：

> 流江县，……本汉宕渠地，……故賨国城，在县东北七十四里，古之賨国都也。晋中兴书云："賨者，廪君之苗裔也。巴氏之子务相乘土船而浮，众异之，立为廪君，子孙布列于巴中。秦并天下，以为黔中郡，薄其赋税，人出钱四十。邑人谓赋为賨，遂因名。后佐高祖平定天下。善歌舞，所谓巴渝舞也。"[2]

即将两段史料简化后捏合为一段。此后在崔鸿《十六国春秋》和魏收《魏书》中均与此相类，而二书均是北朝著作，前书成于北魏末，后书成于北齐，时间相去不远，且文字写法一模一样，可知其当有共同的史

---

1 前引鲁西奇文中有较为细致的辨析，可参看。
2 《太平寰宇记》卷138《山南西道六·渠州》，中华书局，2007，第2694~2695页。

料来源。此后《晋书》则先书廪君蛮完整传说，但省略与中原建立联系之事，又省略板楯蛮早期射虎之事，直接接续賨人得名、"巴渝舞"等内容，实为《晋中兴书》所记内容的"扩编版"，更将二者为同族的认识确定下来。因此，对于其同源同族的认识更多来自各史籍对不同史料的捏合并用。

总之，如果从地域来加以确认，李氏出自巴西宕渠是较为确定的，板楯蛮居地以巴郡阆中（今四川阆中市）为中心，廪君蛮居地则以黔中郡盐阳为中心，在地理上李氏与板楯蛮相近。从时间线索上看，廪君蛮与板楯蛮事前后相继，除《后汉书》记载廪君蛮时有"汉兴，南郡太守靳强请一依秦时故事"一句之外，二者并没有时间交叉，賨人板楯蛮所处时代明显与李氏出现更近。此外，板楯蛮与廪君蛮在对中原王朝负担的责任义务、本身的文化习俗等方面的记载也截然不同，李氏文化特质则更接近板楯蛮的长于射猎、骁勇善战，而没有清晰的水生民族属性。以此来看，李氏更应出自賨人板楯蛮系统。但廪君蛮与板楯蛮之间究竟渊源如何，观南北朝时期之人的认识即已混乱不堪，可知目前是难以得出确定结论的。

除了以上所论之外，对于赍人族属，另有王尧考证认为"赍"的发音在藏语中有贸易、商务、交换等意思，故可理解为赍人以土特产缴纳赋税，并进行生活交换，由于他们称这种交换为"赍"而被称为赍人。实际上，这部分少数民族就应该是原来居住在四川境内北部和东北部的藏族。青海亦有"赍"的踪迹，古代"赍"人后裔又分布到滇西北，和四川境内藏族同出一祖先、同一来源。赍人就是居住在川北、川东北一带的古藏人，而赍王就是藏王。[1]但仅凭一个"赍"的发音和内涵相似——且是以藏语发音来对应现代汉语发音——就判断其为古藏人似乎过于牵强。而且赍人见于秦汉时期，这一时期川北、川东北分布的更可能是氐羌，双方地域接近，故可能有所交往，但双方为不同民族群体则是较为明确的，不宜混为一谈。

1　王尧:《赍王封号考》,《西藏研究》1995 年第 2 期。

二　李氏的早期发展

李氏祖居巴西宕渠，东汉末年张鲁据汉中（今陕西汉中市东），带来李氏第一次迁移。张鲁本为五斗米道首领，以其母沟通益州牧刘焉而得到刘焉信任。东汉兴平元年（194）刘璋代立后，与张鲁决裂，张鲁以部曲多在巴地，就势袭取巴郡，开始在汉中建立割据势力。张鲁在汉中地区以五斗米道行教化，辖区形势较为稳定，故在东汉末年群雄争霸的乱局中吸引了大量人口逃往汉中避祸。又因张鲁为道教领袖，賨人信奉巫术，故也吸引了賨人流入汉中依附张鲁，其中即有李氏一族。其地当汉中杨车坂，賨人于此地抄掠百姓、行旅，被称为"杨车巴"。

张鲁在汉中统治近三十年，随着南北形势的发展，也开始面临更为严峻的局面。官渡、赤壁之战后，曹操开始主要经营北方，为了进一步巩固后方，必须统一关陇，进而夺取汉中、进击巴蜀。而此时关中各方力量名义上仍为汉臣，曹操就势以讨伐张鲁、夺取汉中为名兵进关中，此举引来关中割据力量反抗。到了建安二十年

（215）曹操基本平定了关陇地区，进兵汉中也就提上了日程。此时刘备也取得了益州，汉中作为南北枢纽的地缘价值更为凸显，成为曹、刘争夺的焦点。为了防止刘备先取汉中、威胁关中，曹操此年即遣十万大军进攻张鲁。张鲁退往賨人聚居的巴中，但賨人酋长朴胡、杜濩等相率归附曹操，导致张鲁于十一月被迫投降曹操。刘备以曹操威胁益州，随即派遣黄权出兵三巴，击平巴东太守朴胡、巴西太守杜濩、巴郡太守任约。曹操又派遣张郃进军宕渠，但被张飞所破，退回南郑（今陕西南郑东），曹操留夏侯渊驻防汉中，自己回归邺城。汉中对于刘备十分重要，"若无汉中，则无蜀矣"[1]，故曹操退走的第二年（建安二十二年）冬，刘备即出兵汉中。到了建安二十四年正月黄忠击杀夏侯渊以后，曹操即将汉中军队全部撤出，退回长安。

就在曹操平定汉中后不久，李虎即与杜濩、朴胡、袁约、杨车、李黑等五百余家归附曹操，被封为将

---

1 （晋）陈寿:《三国志》卷41《杨洪传》，中华书局，1959，第1013页。

军[1]，并迁徙到略阳（今甘肃天水市秦安县东北）居住，被称为"巴氐"，这五百余家的规模应该是此后李氏集团活动的核心。李氏等大量賨人被迁往关陇，主要是曹操为了消弭、降低张鲁在汉中的影响——这种区域影响力从賨人以宗教原因投附张鲁，张鲁在无路可去之时投靠賨人酋长等行为可见一斑。李虎受封何种将军职不详，根据其子职官来看应该也是少数民族武职。与李氏集团一同迁徙到陇右、三辅、弘农等地的有一万余家，这些人成为此后流入巴蜀地区支持李氏建国的流民主体。李氏在陇右发展的具体情况不明，但其作为賨人领袖的地位应没有太大变化，甚至影响力更为膨胀。李虎之子李慕为东羌猎将，此职为东羌校尉属官，为领兵武职，其出任猎将应与賨人（板楯蛮）尤善弩射的特征有一定关系。而此处提到东羌应

1　与李氏同迁关陇者，《华阳国志》记为"祖父虎与杜濩、朴胡、袁约、杨车、李黑等移于略阳"（第483页），《资治通鉴》记为"李氏将五百余家归之"，《华阳国志》所列众人应为这五百余家的首领人物。《太平御览》记为"内徙者亦万余家，散居陇右诸郡及三辅、弘农"，应指灭张鲁以后整个迁移人口行为，不限于李氏众人。

为羌人分化之东部群体，"居安定、北地、上郡、西河者，谓之东羌；居陇西、汉阳，延及金城塞外者，谓之西羌"[1]。东羌校尉即掌管居于雍、秦、梁等州羌族事务，李氏所居略阳以地理来看，即在东、西羌之间，是魏晋统治者以李氏集团出身少数民族，又骁勇善射，故将之作为控制东羌的工具。

到了李氏第三代，李慕有五子，李辅、李特、李庠、李流、李骧，史载李慕诸子"皆有材武，善骑射，性任侠，州党多附之"[2]。其中尤其以李特最为突出，"少仕州郡，见异当时，身长八尺，雄武善骑射，沈毅

---

1 （宋）司马光：《资治通鉴》卷52，中华书局，1956，第1689页。马长寿对于东、西羌渊源有进一步的分析，认为"到东汉安、顺二帝时（二世纪前叶），出现了'西羌'和'东羌'的区分。……'东羌'应分为两部分：一部分是西汉时随匈奴而来的'羌胡'之羌；又一部分是东汉时从金城、陇西迁来的西羌。此外，东汉在三辅之内也有不少羌民，……大致言之，三辅的羌民，论地区分布，应是'东羌'，但他们是在东汉时多次从金城郡的黄河、湟水、洮河流域迁来的，还有一部分则自陇西、北地、安定诸郡内徙的。简言之，三辅的羌民绝大多数是来自西羌，同安定、北地、上郡、西河四郡的'东羌'有所区别，即'羌胡'之羌占绝对的少数"。《氐与羌》，第94页。

2 （宋）司马光：《资治通鉴》卷82，第2621页。

有大度"[1]。李特仕州郡何职不详，但以其三弟李庠"仕郡督邮、主簿，皆有当官之称。元康四年，察孝廉，不就。后以善骑射，举良将，亦不就。州以庠才兼文武，举秀异，固以疾辞。州郡不听，以其名上闻，中护军切征，不得已而应之，拜中军骑督。……以洛阳方乱，称疾去官"[2]，四弟李流"东羌校尉何攀称流有贲育之勇，举为东羌督"[3]等情况来看，应该也与此督邮、主簿、东羌督，乃至其父东羌猎将等类似，主要为地方下级文武职。

此后李氏一族在关陇地区生活了近百年，其与巴西宕渠的联系逐渐淡漠，而与关陇各郡中下层士人地主的文化、心理更为贴近，这为李氏后来一系列发展奠定了基础。

---

1 （唐）房玄龄：《晋书》卷120《李特载记》，第3022页。

2 （唐）房玄龄：《晋书》卷120《李流载记附李庠》，第3031页。

3 （唐）房玄龄：《晋书》卷120《李流载记》，第3029页。

流民入蜀与李氏建国

〖 第二章 〗

一 流民入蜀

李氏流民集团入蜀源起于西晋末年的氐人齐万年起义。西晋统一全国后，政治迅速走向腐朽，各地各族民众受压迫严重，其中关陇一带自惠帝永熙元年（290）起即由于水利不修而连年荒旱。到了元康四年（294）五月，匈奴郝散叛乱，攻杀上党（今山西潞城东北）官吏。到八月，郝散投降，为冯翊都尉所杀，又引发关陇少数民族群体不满。元康六年（296）夏，郝散的弟弟郝度元联合冯翊（今陕西渭南市大荔县）、北地（今陕西铜川市耀州区东）马兰羌、卢水胡叛乱，攻杀北地太守张损，击败冯翊太守欧阳建。八月，西晋雍州刺史解系又为郝度元所败，秦、雍两州

第 二 章
流民入蜀与李氏建国

氏、羌纷纷起兵响应，拥立氏帅齐万年为帝，包围泾阳（今甘肃平凉市西北）。十一月，西晋以周处为建威将军，与振威将军卢播隶属安西将军夏侯骏，讨伐齐万年。以贵戚非将帅之才的梁王司马肜、夏侯骏辖制周处，给此次出征埋下了隐患。元康七年正月，西晋军与齐万年战于六陌（今陕西咸阳市乾县东），周处战死。到了元康八年，张华等推荐孟观讨伐齐万年，西晋军才开始连续取得胜利。第二年正月，孟观在中亭（今陕西咸阳市武功县西北）俘获齐万年，持续数年的氏羌大起义失败。

关陇地区在氏羌大起义过程中大乱，连年爆发饥荒，导致天水（今甘肃天水市）、略阳、扶风（今陕西咸阳市泾阳县西北）、始平（今陕西兴平市东南）、武都（今甘肃陇南市成县西）、阴平（今甘肃陇南市文县西）六郡百姓流移就谷于各地。其中流徙进入巴蜀地区的有数万家，李氏即在这部分六郡流民之中。李氏一族在略阳之时即为"州党多附之"的乡里领袖，故在迁徙过程中对于同行六郡民有疾病穷乏者，多行

037

"营护振救"，也更加笼络了流民人心。[1]而史书也记载了李特在迁徙入巴蜀过程中曾经展现出的"雄心"。各书记载大致相同，以《晋书·李特载记》最为详尽："特随流人将入于蜀，至剑阁，箕踞太息，顾眄险阻曰：'刘禅有如此之地而面缚于人，岂非庸才邪！'同移者阎式[2]、赵肃、李远、任回等咸叹异之。"[3]

流民进入汉中（今陕西汉中市东）以后，欣羡巴蜀之地的经济富庶、政局稳定，上书请求寄食于巴蜀。但西晋在齐万年起义之时曾发梁、益两州兵、粮助雍州讨伐氐羌起义，导致巴蜀地区较为空虚，因此对于十余万流民迁入巴蜀十分顾忌，想把流民限制在汉中一地以便于控制，于是下诏不许，并派遣侍御史李苾持节慰劳流民，但更主要的目的是加以监视，不让流

1　如史载李庠"性在任侠，好济人之难，州党争附之。与六郡流人避难梁益，道路有饥病者，庠常营护隐恤，振施穷乏，大收众心"。《晋书》卷120《李流载记附李庠》，第3031页。

2　按："阎式"《太平御览》卷123《偏霸部七·蜀李特》作"阎彧"，"式""彧"二字形近易讹，而《太平御览》引书年代较早，不详究竟二者孰是。

3　（唐）房玄龄：《晋书》卷120《李特载记》，第3022页。

民通过剑阁（今四川广元市剑阁县东北剑门镇剑门关）。李苾到达汉中之后，明了流民入蜀实为不得不行之策[1]，于是转而向朝廷上表曰："流人十万余口[2]，非汉中一郡所能振赡，东下荆州，水湍迅险，又无舟船。蜀有仓储，人复丰稔，宜令就食。"[3] 李苾上表打动了西晋朝廷，同时西晋也对过于压制流民可能激起的民变有所顾忌，于是六郡流民得以通过剑阁，由此散布到了巴蜀益、梁二州各地"不可禁止"，给后来李氏集团的崛起埋下了伏笔。

二 李氏与赵廞的分合

永康元年（300）[4]，西晋诏征益州刺史赵廞入朝为

---

1 此事各书均记为李苾收受流民贿赂，转而为其说项，但经任乃强辨析应为蜀中士大夫因流民入蜀成灾而痛恨李苾，对其诽谤之语，放流民入蜀实为势在必行之举。具体分析参见《华阳国志》卷8《大同志》，第448页注释③。

2 此前史载六郡流民南下数万家，以每家五口人计，十万余口当二万家到三万家。

3 （唐）房玄龄：《晋书》卷120《李特载记》，第3023页。

4 按：《太平御览》卷123《偏霸部七·蜀李特》系此事于元康九年（299），此处从《资治通鉴》。

大长秋，改以成都内史耿滕（一作胜）[1]代替赵廞出任益州刺史。赵廞于元康六年（296）自扬烈将军出任益州刺史，至此为时尚短，且西晋此时正经历"八王之乱"，贾南风被赵王司马伦所杀，朝中有诏尚书收捕贾后亲党，赵廞正是贾南风姻亲，此时见朝廷征召自己入朝十分恐惧，害怕被赵王伦以贾后亲党连坐。同时，赵廞曾以西晋政治衰落而"赵星黄"加以占卜，得到"星黄者王"的说法，于是认为"蜀土四塞，可以自安"[2]，暗中有仿"刘氏割据之志"。从巴蜀地区此时的力量构成来看，益州西夷校尉手握兵权，益州有以刺史兼西夷校尉者，但此时益州刺史与西夷校尉为二人分领。同时，成都内史治少城，也与赵廞近在咫尺。赵廞急需寻找依托力量来帮助自己，便把目光放在了六郡流民身上。一方面，六郡流民在巴蜀地区缺乏根基，需要依附于巴蜀地方势力求存；另一方面，

1 《华阳国志·大同志》《晋书·李特载记》《资治通鉴》作"滕"，《太平御览·偏霸部七·蜀李特》《晋书·惠帝纪》作"胜"。
2 《华阳国志》卷8《大同志》，第445页。

李特兄弟武勇，且其同党均为巴西人，赵廞与之有
"同郡之谊"。[1]这些成为两者联合的纽带。故赵廞开始
拉拢流民，对于其领袖人物李特兄弟则引为爪牙，放
纵其所为。[2]

李氏兄弟率领流民集团入蜀之后，本就有发展自
己力量的野心，此时赵廞所为正中其下怀，于是在赵
廞回护之下聚集了一批流民武装，在巴蜀地区横行为

---

[1] 赵廞为巴西安汉（今四川南充市北）人。任乃强考证认为赵
廞虽祖世安汉人，但"随张鲁内移"。张鲁内移在建安二十年
（215），距元康元年（291）已七十七年（原文误为八十五年）矣。
然则廞非生于巴西，乃赵人也。李特亦非生于巴西，乃略阳人也。
同郡之说，盖唐宋史家妄揣之辞耳。参见《华阳国志》卷8《大同
志》，第449页注⑧。所论较为准确。

[2] 从史籍记载来看，李特兄弟并没有在赵廞之下出任职务，应
该是赵廞将李氏兄弟作为豢养的隐藏力量以备不时之需，故对李
氏兄弟此后的不法行为多有放纵。另，史籍记载赵廞为拉拢流民，
乃厚抚流民，开仓赈济。任乃强分析认为，赵廞开仓赈济流民应
该在两年前流民初入蜀之时，即已遵朝旨为之，并非此时为谋乱
而为，史书记载应为史家对一切宽容流民措施的嫌恶和丑诋。《华
阳国志》卷8《大同志》第449页注⑧所论即已指出其时间前后差
异及其缘由，此处从之。

成汉国史

盗，"蜀人患之"，引发巴蜀土著不满。[1] 面对巴蜀动荡的局面，成都内史耿滕数次向朝廷秘密上表，指出了巴蜀地区所面临的困境："流民刚剽，蜀人懦弱，主不能制客，必为乱阶，宜使还本居。若留之险地，恐秦、雍之祸更移于梁、益矣。"[2] 且巴蜀"仓库虚竭，无以应锋镝之急。必益圣朝西顾之忧"[3]。耿滕的密表使赵廞十分不满，一者耿滕以成都内史越过益州刺史秘密上表，使赵廞深感忧虑；二者一旦朝廷迁六郡流民出巴蜀，也会打乱赵廞据巴蜀自立的野心，这为赵廞、耿滕双方的冲突埋下了隐患。

西晋调动二人的诏书到达益州之后，益州刺史府即派遣一千余名文武官员前往迎接耿滕，观望耿滕动

---

1 任乃强认为此处史籍所载应是蜀中被压迫阶层与佣力流民相互帮助，反抗地主压迫、剥削，从而导致地主阶层憎恶，诬蔑流民劫盗。李庠则可能庇护流民，导致同样受到诬蔑。参见《华阳国志》卷8《大同志》，第449页注⑨所论。从此后流民集团与巴蜀土著直接的巨大矛盾冲突来看，任乃强的分析亦有其道理，可备一说。
2 （宋）司马光：《资治通鉴》卷83，第2647页。
3 《华阳国志》卷8《大同志》，第445页。

向。益州刺史、成都内史分治成都（今四川成都市）太城、少城，耿滕未敢贸然出郡。赵廞便招募李庠党羽罗安、王利等前往劫持耿滕，杀死传诏者，但为耿滕大败于宣化亭。耿滕随即准备进入太城，但赵廞在太城治所并未离开。耿滕功曹陈恂觉察到双方矛盾所在，对耿滕指出州郡已有矛盾，如果贸然进入太城必然遭遇不测，不如留在少城观望形势，并传檄成都诸县各村聚保以防备六郡流民，等待西夷校尉陈总到来才能确保万无一失。否则不如退保犍为（今四川眉山市彭山区东），西渡江源县（今四川崇州市东南），以防备赵廞。但耿滕并未听从这一建议，十二月即率众进入州治太城，登上西门，赵廞又派遣亲信代茂刺杀耿滕，但代茂反而将此事告知耿滕而去。赵廞见刺杀失败，又派兵迎击耿滕，双方战于西门，耿滕败死，随身郡吏均逃散，仅陈恂面缚请求为耿滕从礼安葬，赵廞为平衡蜀地关系，答应了陈恂的请求。此次冲突之后，赵廞控制了成都州、郡治所，进而派兵迎击西夷校尉陈总。此时陈总已经引兵至江阳（今四川泸州市），听闻赵廞与耿滕冲突，西夷校尉主簿赵模劝告陈总迅速进兵，以镇服形势，打击赵廞。但陈总并未听从，反而减慢速度"缘道停留"，观望形势变化。到达南安鱼涪津（今四川乐山市）时即遇到赵廞军，主簿赵模再次给陈总出谋划策，认为此时应该将随身财物拿出来招募士兵与赵廞对战，如果能够取胜，则可顺势进入成都；如果不利，则能顺流而退保全自己。陈总则认为赵廞与耿滕的冲突是双方个人恩怨，且赵廞与自己并没有矛盾，不用过于紧张。赵模再次劝说陈总，认为赵廞的目的是要据益州起事自立，绝不仅是与耿滕之间的私人恩怨，因此一定会杀掉益梁地区的实力大员，一方面为自己自立铺平道路，另一方面借此立威，对于掌兵的西夷校尉陈总来说即使退让不战也没有益处。陈总始终没有听从，其手下也在与赵廞对战中迅速溃散，陈总被迫在草丛中躲避。赵模见状换上陈总官服出战，被赵廞兵所杀。赵廞又在草丛中搜得陈总，杀之。

在掌握巴蜀大局以后，赵廞开始为下一步独立做准备。一方面，自称大都督、大将军、益州牧，自我设置僚属，改换益州各地方官，以武阳令蜀郡杜淑、别驾张棻、巴西张龟、西夷司马袭尼、江原令犍为费远等为左、右长史，司马，参军。召临邛令涪陵许弇为牙门将。又以广汉太守张微（一作徵）[1]、汶山太守杨邠、成都令费立为军祭酒。原本西晋所置地方官均被迫听从调换。

另一方面，赵廞开始整合益州军事力量，强化守备以防备西晋可能的征伐行动，除了自身拥有的益州军队之外，六郡流民成为其依仗的重要军事力量。原本李氏六郡流民集团即已在赵廞庇护下多行不法，李庠又已出任犍为太守[2]，此时赵廞开始控制益州，更是双方合作的良机。李庠，字玄序，为李慕第三子，自幼以气魄闻名，又与赵廞早有交往：流民入蜀之时，赵廞即因李庠"弓马便捷，膂力过人"而深为器重，又曾与李庠谈论兵法，对于李庠的见解十分赞赏，因此对其有"李玄序盖亦一时之关、张也"[3]的评价。李庠当时正率领李特、李流兄弟，妹婿李含，天水人任回、

---

1 《晋书·李特载记》作"张微"，《华阳国志·大同志》《资治通鉴》卷 84 作"张微"。

2 参见任乃强《华阳国志》卷 8《大同志》，第 449 页注 ⑲ 所考。

3 （唐）房玄龄：《晋书》卷 120《李流载记附李庠》，第 3031 页。

上官晶（一作上官惇）[1]，扶风人李攀、始平人费他（一作佗），氐人苻成、隗伯等四千骑兵屯兵北门。故赵廞加李庠部曲督，让李庠自六郡流民中招募壮勇一万余人，负责防备关中入蜀的北道。随即又加封威寇将军，假赤幢曲盖、封阳泉亭侯，又赐钱百万、马五十匹。

李庠本为东羌名将，其用兵之法有特别之处：行军打仗不用旗帜锣鼓，而是以矛为指挥，训练军队时先斩部下不听命令者三人，由此军队听从命令、战斗力很强。但李庠六郡势力在赵廞支持下的膨胀又逐渐使赵廞感到不安，尤其是李庠一部军纪松懈，但又战斗力强悍，更是使赵廞顾忌，只是一时没有好的借口。永宁元年（301）正月，长史杜淑、司马张粲，以"五大不在边"，赵廞起兵之时即使李庠率领强兵居于要地，是一种隐藏的军事威胁；而且"非我族类，其心必异"，不可将军权交予外人，要有所准备等言进谏。这些建议正中赵廞下怀，恰巧此时李庠

求见赵廞，想试探赵廞的政治企图，提出：当今中原大乱，纲纪不存，西晋已经无法振兴，益州牧如果想成"汤、武之事"，正在于此，应该"应天时、顺人心"，拯救天下百姓，则天下可定，而不仅仅在巴蜀之地。李庠本意在试探赵廞的想法，而且"中国大乱，无复纲维，晋室当不可复兴"[1]一语应该也是李庠对于当时政治形势走向的一种看法，隐含着李氏流民集团对于自身发展的思考，在此时提出却给了赵廞话柄。赵廞佯装大怒，以"此岂人臣所宜言"为借口，将李庠交予杜淑、张粲等论罪，杜淑等以李庠为大逆不道，就地杀李庠，并诛其亲从在门者十余人（一作三十余人）[2]。

赵廞又以李苾为犍为太守，并出兵攻杀汶山太守（治今四川阿坝藏族羌族自治州茂县北）霍固[3]，基本控

1　（唐）房玄龄：《晋书》卷 120《李特载记》，第 3024 页。
2　参见《资治通鉴》卷 84 考异，第 2653 页。
3　此处各书记载多有不同。此处参考《资治通鉴》卷 83 考异；《晋书·惠帝纪》校勘记 [10]；任乃强《华阳国志》卷 8《大同志》，第 449 页注⑱所论。

制了巴蜀局势。

此事直接导致了李氏集团与赵廞的决裂。虽然赵廞处死李庠后顾虑李特、李流等兄弟仍统兵在外，且其兄弟在六郡流民中威望甚高，惧怕可能带来的严重后果，为了安抚李特等人而派人将此事原委说成"庠非所宜言，罪应至死，不及兄弟"[1]；又将李庠尸体归还李特以成其丧，并仍以李特兄弟出任督将掌军等，以此安抚李氏，但李特、李流怨怒赵廞，率兵归于绵竹（今四川德阳市北）。赵廞又派遣故阴平令张衡、费恕前往慰抚，皆为李特所杀，双方正式走向决裂，李氏集团也开始了自立发展的征途。而李庠素来为六郡流民所喜爱，"被诛之日，六郡士庶莫不流涕"[2]，李庠的死使六郡流民与赵廞离心离德。可以说李庠之死也决定了赵廞与六郡流民彻底分途。

赵廞集团在经历李特军事力量的分离之后，内部又连续发生动荡。赵廞手下牙门将许弇请求出任巴东

---

1 （唐）房玄龄：《晋书》卷120《李特载记》，第3024页。

2 （唐）房玄龄：《晋书》卷120《李流载记附李庠》，第3031页。

监军，但被杜淑、张粲二人坚决制止，导致许弇攻杀
二人于赵廞阁下；杜淑、张粲左右又杀死许弇。而这
三个人都是赵廞的心腹力量，这场内乱直接导致赵廞
统治集团的彻底崩溃。

　　在经历一系列变动之后，赵廞为了防备西晋讨伐
自己，派遣长史费远、蜀郡太守李苾[1]、督护常俊等率
领万余人阻断关中进入巴蜀的北道，屯兵于绵竹石亭
（今四川广元市北），以填补李庠死后出现的防线空
缺，且对绵竹地区的李特等加以威慑。但绵竹地区正
是李特等退守之地，赵廞军的到来必然使其深感不安，
于是收合军队七百余人[2]趁夜偷袭费远等军，费远军大
败。李特又纵火焚烧，费远军死伤十之八九。李特趁
势进攻成都。赵廞听闻李特兵至，惊惧不知所措，费
远、李苾、军咨祭酒张微、中郎常美等皆趁夜斩关逃

1　按：《资治通鉴》卷84（第2654页）记为"长史犍为费远、
蜀郡太守李苾"，《太平御览》卷123《偏霸部七·蜀李特》《晋
书·李特载记》均记为"长史费远、犍为太守李苾"，但此前又
有赵廞攻杀犍为太守李苾，不应有同职同名先后出现，故应该从
《资治通鉴》所载。
2　考证参见任乃强《华阳国志》卷8《大同志》，第452页注㉔。

走，文武官员逃散殆尽，赵廞无计可施之，与妻子乘
坐小船逃走，到广都（今四川成都市双流区东）时被
从人朱竺所杀。此时成都无人固守，李特顺利攻入成
都，纵兵大掠[1]，杀西夷护军姜发、成都令袁洽（一作
治）[2]，以及赵廞所置官员。与此同时，李特又派遣牙门
王角、李基前往洛阳（今河南洛阳市）向西晋政府陈
述赵廞罪状，以明确自身行为的正当性。从这一行为
可以了解，到此时李特集团仍然没有自立于巴蜀的想
法，仍然在寻求尊崇西晋的发展道路。

三　李氏集团与罗尚的争斗

益州刺史赵廞被杀使巴蜀地区出现暂时的权力真
空，西晋下诏拜梁州刺史罗尚为平西将军、假节、领
护西夷校尉、益州刺史，又给卫节兵一千人、梁州兵

1　任乃强考证认为李特入成都不至于纵兵大掠。参见《华阳国
志》卷 8《大同志》，第 454~455 页注①。
2　《华阳国志·大同志》作"袁洽"，《晋书·李特载记》作"袁
治"。袁洽职官考证参见任乃强《华阳国志》卷 8《大同志》，第
454~455 页注①。

两千人，配上庸都尉义部一千五百人，合四千五百人入蜀控制局势。又迁梓潼太守乐陵徐俭为蜀郡太守、扬烈将军陇西辛冉为广汉太守辅助罗尚。早在赵廞谋反自立之时，罗尚即上表指出赵廞并无雄才，且不为蜀人所附，败亡指日可待。这种"卓见"以及梁、益二州切近是西晋加封其为益州刺史的重要原因。此外，罗尚又表请牙门将王敦兵七千余人助阵。在经过充分准备之后，罗尚率领牙门将王敦、蜀郡太守徐俭、广汉太守辛冉、上庸都尉义部等入蜀，这给了李特等人很大的压力，被迫派遣李骧迎接于道路，并贡献珍宝贿赂罗尚。[1] 罗尚对此十分满意，认为能够控制流民集团，于是仍以李骧为骑督。罗尚到达绵竹后，李特、李流再次以牛酒犒劳。但王敦、辛冉等人对李特并不放心，认为李特等流民专为盗贼，应借此机会除掉，否则必然成为后患，但罗尚没有听从这一建议。辛冉为陇西人，与李特本为旧识，在会面之时提

1　任乃强认为李特不当有以珍宝贿赂罗尚之举。见《华阳国志》卷8《大同志》，第455页注③。但李特等流民实依仗益州地方官以求发展，对新任的益州刺史罗尚行贿打通关系也不足为奇。

到"故人相逢，不吉当凶"之语，透露了双方矛盾，引起李特暗自猜忌。[1]

三月，罗尚等到达成都，正式履行益州刺史职能。此时西晋下诏秦、雍二州，以齐万年起义平复，使二州召还流民入蜀者，又派遣御使冯该、张昌加以监督。李特长兄李辅也自略阳老家托言迎接家眷来到蜀地，但李辅并无意引家族回归，反而告诫李特中原大乱，"不足复还"，李特由此确定了留在巴蜀的想法，其对策也开始发生转变。

为了缓解流民面临被逼短期迁回秦、雍的困境，李特先是派遣天水人阎式前去罗尚处请求暂缓六郡流民北归；后又贿赂罗尚、冯该等，由此获得暂缓北归的许可。此时西晋讨论平定赵廞之功，以李氏一马当先攻灭赵廞，封拜李特为宣威将军、长乐乡侯，李流为奋威将军、武阳侯。玺书到达益州后，又令州郡条列六郡流民参与平定赵廞有功之人，并加以封赏。但

1　任乃强立意与此不同，可参看。见《华阳国志》卷 8《大同志》，第 455 页注④。

广汉太守辛冉想将平定赵廞之功据为己有，于是压下了封拜李特、李流的诏书，又不按实情上奏六郡流民有功者，导致六郡流民十分不满。此时罗尚又派遣从事监督流民北归，限定七月必须上路，进一步激化了矛盾。六郡流民寓居巴蜀地区，为求生计多为人佣耕，经过数年时间早已逐步落地生根，听到限期上路的消息本不情愿，而且此时尚未秋收，流民缺乏路费，正赶上雨水丰沛，北返无异于死路一条，于是多归附于李特以寻求帮助。李特等作为流民领袖再次派遣阎式向罗尚请求延期至冬天，以获取行资。广汉太守辛冉与蜀郡太守李苾等进言罗尚否决李特请求。阎式又向罗尚新举的秀才、别驾杜弢陈说逼迫流民迁徙的弊端，杜弢之父曾任略阳护军，更为了解流民情况，故也认可其说法，向罗尚建议宽限流民一年时间，以缓和矛盾。但罗尚仍听从辛冉等的建议没有同意。杜弢见所言不被采用，预感罗尚必然搅乱益州，于是退还秀才板。当时又出现白虹天相，头在井里、尾在东山，拖于益州太城之上。治中从事巴西马休就此询问阎式，阎式趁机将此事占卜为有万尸之气，而逼近于城绝非

好事，为天降罪孽不可违，但只要平西将军（罗尚）
能够宽限流民，则灾异天相必然消失。这种说法仍没
有打动罗尚。反而辛冉见罗尚已坚定逼迫六郡流民北
归之心，更知流民首领在攻破成都时曾大肆掠夺，故
想除掉流民首领以夺取其资财，于是又与李苾向罗尚
进言，应趁流民北归之机夺取其在赵廞之乱中所剽掠
的财物。于是罗尚在七月命令梓潼太守张演在各个北
归要路设立关卡，搜罗流民随身财物。到九月，又派
遣军队到达绵竹，名义上要种麦，其实目的在于防备
流民逃逸。双方矛盾一触即发。

　　同时，李特又派遣阎式前往罗尚处请求宽缓期
限上路，阎式见罗尚、辛冉营寨内"营栅冲要"，以
图谋掩击流民，感到罗尚行为必然激发流民民乱，又
知辛冉、李苾等图财之意坚决，于是向罗尚请辞。罗
尚则仍然假意哄骗阎式说同意宽限行期，让阎式告知
流民。阎式对于罗尚意图十分清楚，指出罗尚听从了
奸人之计，宽限日期恐怕只是说辞，百姓虽弱但绝
不可轻视，如果对其压迫太紧，恐怕众怒难犯、为祸
不浅！罗尚仍搪塞阎式，对于宽缓期限一事信誓旦旦

地加以保证。阎式返回绵竹后对李特提到罗尚处的形势，指出罗尚虽然不断强调要宽缓期限，但并不值得相信；且罗尚自身"威刑不立"，辛冉等人各拥强兵，一旦辛冉等发动变乱，罗尚完全没有能力加以控制，李氏集团应早做准备以防不测。李特于是"缮甲厉兵"，戒严以备非常。李特见流民在罗尚压力下大量归于自己，于是在绵竹建立大营加以安置，又派人向辛冉请求宽限日期。辛冉因李特回护流民、断绝了自己的财路而大怒，派人在主要道路上贴出告示，悬赏捉拿李特兄弟。李特见状将所有告示取回，将文字改为"能送六郡之豪李、任、阎、赵、杨、上官及氏、叟侯王一首，赏百匹"[1]，使辛冉的矛头转向全部流民酋长以激化双方矛盾。流民本身即受到辛冉的盘剥，此时见到告示皆信以为真，更多的人逃到李特处寻求庇护，短时间内李特即聚集流民两万余人，李流处也聚集数千人。李特将流民分为两营，李特居北、李流居东，以防备辛冉。

---

1 （唐）房玄龄：《晋书》卷 120《李特载记》，第 3025 页。

另一边，辛冉、李苾则认为罗尚虽然贪婪，但并没有决断，如果拖延日久会使流民最终得以在巴蜀落地生根。且李特等均为雄才大略之人，如果等其成势，自己将死无葬身之地。目前应该果断采取措施消灭李特等流民，而不能再通过罗尚。二人商议以后，即派遣护军曾元进攻李特，但为李特所杀。罗尚又派遣督护田佐、牙门刘并等助兵辛冉，也为李特所败。[1]罗尚以此埋怨辛冉妄自用兵，导致李特趁势而起不可复制。经过此事以后，李特等流民集团与罗尚一方彻底决裂，双方在巴蜀地区展开了旷日持久的战争。

　　李特与罗尚的直接冲突标志着六郡流民集团开始走上独立自主之路。六郡流民共同推举李特为主，李特指示六郡出身的部曲督李含、上邽令任臧、始昌令阎式、谏议大夫李攀、陈仓令李武、阴平令李远、将兵都尉杨褒等上书朝廷，请求在巴蜀依"梁统奉窦融故事"。同时，在六郡流民的拥戴下，李特行镇北将

1　此处文字依《华阳国志·大同志》（第 454 页），与《晋书》所载颇多不同，考证参见任乃强《华阳国志校补图注》第 457 页注 ⑭。

军事，承制封拜属官，加封李流行镇东将军，号东督
护[1]，随即进兵广汉（今四川遂宁市射洪市南）攻打辛
冉。罗尚派遣李苾、费远率兵救援辛冉，但二人十分
畏惧李特，不敢进兵。辛冉孤立无援，又与李特连战
失败，于是将罪责归咎于绵竹令南郡人岐苍，杀之而
突围逃往德阳（今四川遂宁市东南）。李特攻入广汉，
以李超为广汉太守，再率军进攻成都。罗尚给阎式发
信，责备流民攻城略地，阎式回信曰：

　　辛冉倾巧，曾元小竖，李叔平非将帅之才。
式前为节下及杜景文论留、徙之宜。人怀桑梓，孰
不愿之！但往日初至，随谷庸赁，一室五分；复值

1 《太平御览》卷 123《偏霸部七·蜀李特》此处作"特行镇北将
军，承制封拜，其弟流行镇东将军"，《晋书·李特载记》作"特
行镇北大将军，承制封拜，其弟流行镇东将军"，《资治通鉴》卷
84 作"特行镇北大将军，承制封拜；以其弟流行镇东大将军"。
以此后职官的发展来看，《太平御览》等所记应较为合理。而《华
阳国志·大同志》将此事系于辛冉等袭击李特之前，但当时李特
仍在以延期北返之事拖延时间，尚未与罗尚完全决裂，不太可能
即有自主称制之事，故不取。

秋潦，乞须冬熟。而终不见听。绳之太过，穷鹿抵虎。流民不肯延颈受刀，以致为变。即听式言，宽使治严，不过去九月尽集，十月进道，令达乡里，何有如此也！[1]

罗尚见到书信，知道李特等不可复制，于是固守成都，并求救于梁、宁二州。

李特见进兵顺利，于是自称使持节、大都督、镇北大将军，承制封拜一依窦融在河西故事。封李辅为骠骑将军，李骧为骁骑将军，李始为武威将军，李荡为镇军将军，李雄为前将军，李含为西夷校尉，以李含子国、离[2]、任回、李恭、上官晶、李攀、费他等为将帅，任臧、上官惇、杨褒、杨发、杨珪、王达、麴歆等为爪牙，李远、李博、夕斌、严柽、上官琦、李涛、王怀等为僚属，阎式为谋主，何世、赵肃为腹心，其余皆有官号。六郡流民正式形成较为完备的统治集团。

---

1 （宋）司马光:《资治通鉴》卷84，第2667页。

2 《资治通鉴》卷84、《华阳国志·大同志》断句为"含子国、离"，《晋书·李特载记》国离不断。

第 二 章
流民入蜀与李氏建国

为了进一步拉拢巴蜀百姓，分化罗尚的统治基础，李特与蜀人约法三章，并"施舍赈贷，礼贤拔滞，军政肃然"[1]，与罗尚的贪残形成了鲜明的对比。《晋书·罗尚传》记："蜀人言曰：'尚之所爱，非邪则佞，尚之所憎。非忠则正。富拟鲁卫，家成市里。贪如豺狼，无复极已。'"[2] 在这种情况下，罗尚连续败于李特，

---

[1] 按：杨伟立《论李特起兵及其所建政权的性质》〔《西南师范大学学报》（社会科学版）1980 年第 2 期〕一文对李特"约法三章"的研究认为，其内容即为后面提到的"施舍赈贷，礼贤拔滞，军政肃然"三点。其中"礼贤拔滞"为核心，即地主阶级掌权；在不离开这个核心的原则下，对贫民"施舍赈贷"是可以的。"军政肃然"表面上对任何人都有好处，但因为贫民已无"侵掠"，故维护的仍是富人利益。因此"约法三章"代表地主阶级利益，为地主阶级服务。虽然杨伟立所论李特行为目的在于获得益州地主为核心的巴蜀百姓的支持这一观点较为准确，但所指"约法三章"内容即为此后三事的观点则值得商榷。所谓"法三章"，以其最初出现于汉高祖刘邦与关中父老约定来看，应为杀人者死、伤人及盗抵罪，明确为简化、理顺当时混乱、繁复的司法体系而出现，并无经济生活、人才选拔内容。李特此处亦应如此，为针对罗尚贪残乱法而来，与此后三事应为并列关系，共同构成李特在各个层面（司法简化、经济救助、人才选拔、军队纪律等）发展的指导政策。

[2] （唐）房玄龄：《晋书》，第 1552 页。

于是阻长围，缘郫水结营，自都安（今四川都江堰市
东南）到犍为七百里，形成与李特相拒的阵营，以阻
止李特。同时又向梁州、南夷校尉求援。

太安元年（302）春，罗尚又遣牙门夏匡进攻李特
于立石，再次失利。五月，西晋河间王司马颙派遣督
护衙博西征讨伐李特，驻军梓潼（今四川绵阳市梓潼
县），又加封张微为广汉太守，驻军德阳；罗尚派遣督
护张龟率四十牙门驻军繁城（今四川彭州市西北），南
夷校尉李毅也派兵五千助战。此时衙博对李特尚存有
幻想，派遣参军蒙绍加以诱降。罗尚送书信给衙博称：
以往李流曾有书信，有意归降，但仍不断为贼寇。此
时听说李特又有投降的想法，然而李流、李骧七八千
人指日而到，其中奸计难测，不能轻视之。但衙博没
有听从这一建议。李特果然先派镇军将军李荡、前将
军李雄等袭击衙博，自己亲自击破张龟。李荡击败衙
博于阳沔（今四川绵阳市梓潼县东北），衙博军死伤过
半，梓潼太守张演弃城逃走。取得胜利后的李荡趁势
追击衙博至汉德（今四川广元市剑阁县东北），衙博败
走葭萌（今四川广元市西南）。李荡又进攻巴西郡（今

四川阆中市），巴西郡丞毛植、五官襄珍（一作班）[1]
以郡降于李荡。李荡对投降郡县加以抚恤，安定百姓
之心，随即进攻葭萌，衙博于走投无路之下远遁，其
所部均降于李荡。河间王司马颙改以许雄为梁州刺史，
准备再次讨伐李特。

同时，李特又进攻犍为，获太守李恢，以李溥为
犍为太守。

四　建号改年后的发展

取得一系列的胜利之后，李特更自称益州牧、大
将军、大都督、都督梁益二州诸军事。

太安元年八月，李特开始进攻广汉太守张微，张
微利用较高、较险要的地势与李特相持。前已提及，
李特集团分为李特、李流两营，李特独自进攻张微兵
力较弱，因此被张微发现了其后方营地的空虚，派遣
步兵绕过山路攻击李特后方。李特后方面临攻击，前

---

1 《晋书·李特载记》作"襄珍"，《华阳国志·大同志》作
"襄班"。

方又面对险要山地难以进取，忧虑不知所为。罗准、任道等均劝李特先引兵撤退，以待更好时机，但李特坚信李荡必能及时赶到救援，因此坚持不退。另一面，李荡虽然率兵前来救援，但因为地形太过险要，增援、阻援军队拥挤在仅能一两个人同行的狭窄山道之中，前进受阻。面对这种危急形势，李荡对其司马王辛说：现在父亲深陷敌人重围，这正是我以死明志之时。于是身穿几层铠甲，手持长矛，大呼直冲，连杀十余人。张微又派军队前来增援，也被李荡军击溃，李特得以转危为安。

李特经过此战后感到进取不易，于是想放弃攻打张微，退回涪（今四川绵阳市东）再做考虑。李荡与王辛等劝告李特说：虽然此前张微依靠地势取得一定胜利，但如今经过连续作战，其军队士卒已经大多伤残且缺乏补给，正应该趁机一举擒获张微；否则如果给张微较为宽缓的时间和环境，受伤的将士得以恢复，逃散的士兵得以聚合，再想攻取广汉则难上加难了。李特于是马上整军进攻张微，张微果然无法抵抗，突围逃走。李荡从水、陆两面追击，击杀张微，生擒张微子张存，以张微尸体交予张存，加以安抚。

取胜之后，一方面，李特以手下将领骞硕为德阳太守，镇守德阳。骞硕向外掠地到巴郡之垫江（今重庆市合川区）。另一方面，李特在征伐张微时，也派遣李骧与李攀、任回、李恭等屯兵毗桥（今四川成都市新都区南），以防备罗尚。罗尚果然派遣军队进攻李骧等，但为李骧所败。罗尚又派遣数千人出战，也被李骧击破，李骧因此夺取大量武器装备，并攻烧成都城门。李流一支则进兵成都之北。罗尚又派遣手下将领张兴诈降于李骧，以观察李骧虚实。此时李骧军不过两千余人，势力较为单弱。张兴于是将这一消息乘夜告知罗尚，罗尚大喜，认为可以凭借优势兵力一举解决李骧，于是选拔精锐叟族勇士一万余人跟随张兴夜袭李骧大营。面对罗尚大军的偷袭，李攀力战而死，李骧及大批将士逃往李流营寨。李流与李骧合兵之后马上反攻，罗尚军则因刚刚取得胜利较为懈怠，措手不及之下大乱，能够逃回成都者仅十之一二。同时，梁州刺史许雄也多次派遣军队进攻李特，因李特据险自保而始终无法取胜，反而导致李特声势越来越大。同时，李特大赦境内，改元建初[1]。这对于李氏流民集团来说意义重大，标志着其已经拥有了完全独立的旗号，开始了新的发展阶段。

与此同时，南夷校尉李毅也派遣叟兵助战罗尚。但此时南中内部不稳，建宁（今云南曲靖市西北）大姓李叡、毛诜驱逐建宁太守徐俊，朱提（今云南昭通市）大姓李猛驱逐朱提太守雍约以响应李特，都有数万之众，使南中震动。南夷校尉李毅派兵讨伐，击斩毛诜，李猛虽然请降，但言辞不逊，也被李毅诱斩，南中重归稳定。同年十一月，西晋置宁州，以李毅为宁州刺史，但在局势动荡下，对巴蜀的支持始终有限。

1　改元一事各书记载有异，《资治通鉴》卷85考异辨析曰："考异曰：帝纪：'太安元年五月，特自号大将军。'载记：'太安元年，特称大将军，改元。'后魏书李雄传云：'昭帝七年，特称大将军，号年建初。'昭帝七年，太安元年也。祖孝征修文殿御览云：'太安二年，特大赦，改年建初元年。特见杀。'三十国、晋春秋云：'太安二年正月，特僭位改年。'今从御览等书。"（第2677页）任乃强考证"号年建初"应在太安元年八月破张微后，今从之。参见《华阳国志》卷8《大同志》，第462页注⑨。

太安二年（303）正月，李特暗中自益底渡江、旁军从赤水（今四川省成都市双流区黄龙溪）渡江进击罗尚，郫水水军溃散，蜀郡太守徐俭以少城投降李特，李特即以李瑾为蜀郡太守安抚百姓。李特进入成都少城后，仅取城中马匹以供军用，其余并无抄掠的行为。这与此前与赵廞对战时在成都大肆抄掠的行为大相径庭，可见李氏流民集团已经开始从带有流寇属性的军事集团转变为割据建国的政治集团了。

李特进入少城不久，李流也进兵屯于郫水之西，罗尚仅余太城自保，于是派遣使者向李特请和。此时罗尚与李特冲突的天平已经开始倒向李特一方，蜀地百姓观望形势，皆相聚为坞堡自保，并向李特示好，李特也派遣使者加以安抚。对内，则以六郡流民"分口入城"，壮勇则督领坞堡。又因为军中存粮较少，于是将六郡流民分别安排在各个坞堡中就食。李流对李特的安排感觉十分不安，提醒李特，如今各个坞堡刚刚投附，究竟意图如何并不确定，应该将其中大姓子弟作为人质送往广汉，安置到大营之中，以挟制诸坞堡力量；同时不能分兵四出，而应该将精锐军队聚

集在一起，以预防可能出现的问题。李流又给李特司
马上官惇书信，再次提到坞堡受降绝不能轻易视之，
希望上官惇也能向李特进言。李特之子前将军李雄也
向李特陈说此事。但李特认为此时罗尚已经困守太城，
大事已定，应该想办法安民而不能多加猜忌，以免百
姓离叛，因此没有采纳李流等的建议。

　　与此同时，面对罗尚的困局，西晋又派遣荆州刺
史宗岱（一作宋岱）[1]、建平太守孙阜率领水军三万人救
援罗尚。宗岱以孙阜为前锋，进军逼近德阳，李特派
遣李荡及蜀郡太守李璜[2]、德阳太守任臧抵御。此时因
宗岱等人军势甚盛，益州坞堡再次倒向罗尚。益州兵
曹从事任叡（一作任明、任锐）[3]向罗尚建议，应趁李

<hr />

1 《晋书·李特载记》《惠帝纪》等作"宋岱"，《晋书·罗尚传》
《晋书·郭舒传》《晋书·孙旂传》《资治通鉴》等作"宗岱"。
2 　按：此前有李特以李瑾为蜀郡太守，此处又见蜀郡太守李璜，
"瑾""璜"二字形近，应有讹误。
3 《晋书·李特载记》作"任明"，同书《罗尚传》作"任锐"，
《华阳国志·大同志》《资治通鉴》作"任叡"。关于此人名考
证，可参见任乃强《华阳国志》卷8《大同志》，第462~463页
注⑪。

特将六郡流民散往坞堡就食，整体防备虚弱懈怠之时，秘密与益州诸坞堡潜伏将领约定日期，内外夹击李特，则李特必然能破。罗尚于是乘夜将任叡秘密送出城，任叡赶往各个坞堡，约定二月十日一起进攻李特，暗号"在彼扬水"。又前往李特处诈降，观察局势。李特向任叡探问成都太城虚实，任叡欺骗李特说城中粮储将尽，只有一些金帛财物，使李特更为松懈。任叡又假意向李特请求外出探望家眷，趁机将消息报告罗尚。到了约定日期，罗尚派遣大兵进攻李特大营，益州坞堡皆起兵响应。双方大战两天，李特寡不敌众，大败，收罗残余士卒退往新繁（今四川成都市新都区西北）。罗尚引兵而还，李特见状转而追击罗尚，双方转战三十余里，罗尚派出大军全力击败李特，李特、李辅、李远三人被斩，罗尚将三人焚尸，并传首洛阳告捷。

五　李流领导下的六郡流民

李特等的战死使六郡流民集团受到深重打击，加之蜀人叛归罗尚，与之联合打击流民，引发了流民的极大恐慌，李氏集团的形势十分严峻。面对不利形势，李雄以李离为梓潼太守，李流与李荡、李雄等则收集残余力量还保赤祖（今四川德阳市绵竹市东北），仍分东营、北营，李流居东营，李荡、李雄居北营。李流，字玄通，为李慕第四子，自幼好学，弓马娴熟，颇有武勇，因此时李辅、李特、李庠等兄长均已死去，故李流复称大将军、大都督、益州牧。此时宗岱军则声势大振，孙阜攻破德阳，俘房守将塞硕，德阳太守任臧等进兵涪城。

太安二年三月，罗尚又派遣督护张龟、何冲、牙门左氾、黄訇（一作阎）[1]等驻守繁城，迫降绵竹，攻李流于北大营。派遣督护常深屯兵毗桥，防备李流、李骧。常深击败李骧，击斩李攀，李攀弟李恭复领攀众。涪陵药绅、杜阿也趁机于蜀地起兵进攻李流。李流与李骧抵抗常深，李荡、李雄抵抗药绅。何冲见此时北大营空虚，于是出兵进攻北营，氐人苻成、隗伯、石定在营中叛降，形势十分严峻。李荡母罗氏见状亲

---

1 《晋书·李特载记附李流传》作"黄訇"，《华阳国志·大同志》作"黄阎"。

自身穿甲胄迎战，隗伯手刃伤其目，罗氏气势反而更为高涨，迎击叛乱者。当营寨即将被攻破之时，所幸李流等击败常深、药绅，及时引兵回援北营，大败何冲军。苻成、隗伯等率其党羽逃奔罗尚。李流等趁势追击，直达成都城下，罗尚被迫闭城坚守。此役李荡因追击途中不慎中矛而死，李氏集团再次损失一个主力将领，罗氏、李雄秘不发丧，以安定人心。

面对李氏集团在益州地区长期为乱，西晋再次派遣侍中刘沈假节统领罗尚、许雄的益、梁二州兵，以更好地协调调动，讨伐李流。但刘沈到达长安以后，即被河间王司马颙留作军师，改派席薳代之。

另一边，李流见李特、李荡相继战死，宗岱、孙阜大兵压境，形势极为不利，感到十分恐惧，正巧此时李含劝李流投降罗尚，李流就势答应，准备投降。李骧、李雄认为不妥，反复加以劝谏，但李流主意已定，并不听从二人的建议，于五月派遣其子李世与李含之子李胡前往孙阜处做人质，推进投降事宜。李胡兄长李离为梓潼太守，听说此事之后急忙自梓潼驰还李流大营，想劝谏李流收回成命，但也为时已晚。李离于是转而与李雄商议如何解决目前的危机，提出了偷袭孙阜的建议，并约定"若功成事济，约与君三年迭为主"。李雄认为可行，但指出李流、李含一心投降，必然不会同意，如何解决这一难题是事情成败的关键所在。李雄实际上是将难题抛给李离：因为李流是李雄叔父、李离舅父，李含是李雄姑父、李离父亲，从各种关系来看李含与二人关系更为密切，李离的态度是否坚决就成为此事成败的关键，故李雄以此观望李离态度。李离坚决地说：如果李流二人不从，便可以劫持，如果不成则可"行大事"，李流、李含虽然与我们亲近，但势不得已也无法顾及了。李雄在得到李离的肯定答复后大喜，与李离一起向流民说道："吾属前已残暴蜀民，今一旦束手，便为鱼肉，惟有同心袭阜以取富贵耳！"[1]获得六郡流民的响应。于是，李雄、李离率军突袭孙阜，大破孙阜军。恰巧此时宗岱卒于垫江，荆州军退走，流民的危机随即解除。经过此事以后，李流对于自身犹豫投降的想法十分愧疚，也对李雄的才能有了新的认识，史书记载此后李

---

1 （宋）司马光:《资治通鉴》卷85，第2679页。

流将"军事悉以任之（李雄）"。但此事又绝非表面上说得那么简单。李雄、李离起兵进攻孙阜是越过李流的，行事之时是否如二人商议那样劫持了李流，史书没有记载，但此一事件的推动，李雄是得到了六郡流民的全力支持的，从这一点来看李雄实际上已经在军事层面架空了李流。而且李离、李雄二人曾经约定"若功成事济，约与君三年迭为主"，实际上也是要在此一行动之后取李流而代之的。李雄没有直接取李流而代之的原因不得而知，但李流已经完全失势则是不言而喻的，所谓"由是奇雄才，军事悉以任之"，仅仅是为李雄讳饰而已。[1]

李流在益州的日渐强势迫使西晋政府调动更多的军队来加以镇压，其中一个主要来源就是紧邻的荆州地区。但荆州征发讨伐李流的"壬午兵"并不愿远行从征，在各级州县长官的催逼之下到处屯聚为盗，多投奔义阳蛮张昌叛军，使其势力渐强。荆州地区因益

---

[1] 任乃强认为李雄袭击孙阜为李流所知，并在其支持下得以实施，非李雄、李离两人私自为之；李雄、李离之约定为封建士大夫推想之说，与本书立意不同。参见《华阳国志》卷8《大同志》，第 467 页注⑨⑩。

州李流的动乱而导致了自身社会的动荡，使其无法顺利出兵镇压李流，最终使李流在东方的压力逐渐减轻。

李雄掌军之后，数次击破罗尚，罗尚被迫退保成都。太安二年六月李氏集团自帛羊颓渡河，攻杀汶山太守陈图，七月夺取郫城（今四川成都市郫都区），李流也将大营向郫城迁移，兵屯郫城。此时李流与罗尚鏖战日久，蜀地百姓多结成坞堡自保，或者南下逃入宁州，或者东下进入荆州，益州地区城邑皆空，田野荒无人烟，流民一时无法获得物资补给，逐渐陷入饥乏的境地。此时有涪陵民一千余家在范长生带领下聚集在青城山自保，实力雄厚。罗尚手下平西参军徐轝本身为涪陵人，对范长生的影响力较为了解，因此劝说罗尚出自己为汶山太守，以联合范长生与罗尚形成掎角之势打击李流。罗尚较为短视，不采纳徐轝的建议。徐轝大怒，又请求出使江西[1]，就势出降于李流，被封为安西将军。徐轝又替李流往说范长生，让范长

1　此江西方位参见任乃强《华阳国志》卷8《大同志》，第469页注 ⑯ 考证。

生资助李流军粮，范长生听从了这一建议，使流民军度过危机，声势复振。范长生集团与李氏流民集团在各自利益需求以及宗教因素的连接下携起手来，开始了长期的合作过程。[1]

九月，李流病重，对诸将领说道：骁骑将军李骧

---

1 按：关于范长生与李氏流民集团的关系，学术界探讨较多。陈寅恪《天师道与滨海地域之关系》（《金明馆丛稿初编》，三联书店，2001年版一，2009年版二，第39页）认为"巴賨为笃信天师道之民族，范长生本为天师道之教主，故其拯李氏于几亡之时，又劝其称帝者，实有宗教之背景"。唐长孺《范长生与巴氏据蜀的关系》（《历史研究》1954年第4期）一文对二者的结合及范长生作用研究认为，涪陵人徐豦、范长生自身即为徙蜀而世掌部曲的大姓。而范长生很可能即出自賨人部落，涪陵徐氏亦有出于巴蛮的可能，与李氏颇有同族的可能。范长生的宗教首领地位及其在蜀中的势力，证明李雄要推范长生为君不仅是报恩，范长生确有称帝的力量。范长生既拥有不少信徒，归附李氏其影响之大可以想见。同时天师道又是范长生与巴氏结合的桥梁，巴氏崇奉天师道由来已久。范长生所以独受特殊尊重，即因他不单是有功于李氏，而且还是一个宗教领袖。从这一点来说，他的地位高于李雄，所以李雄要执板相见，行下僚参谒之礼，而且要让位给他。范长生便是担任沟通主客统治者以取得妥协的角色。他是拥有部曲的地主武装首领，又是宗教首领，通过他与巴氏李氏种族上、宗教上的特殊关系，主客统治者接近了。他和徐豦与李雄的合作构成了以后联合统治的条件。童超《论李特兄弟领导的 （转下页注）

高明仁爱，见识决断多有奇异之处，足以成就大事；
但前将军李雄英明神武，为天所相，大家可以共同拥

<hr />

（接上页注）武装斗争及成汉政权的性质》（《社会科学研究》1980
年第 2 期）文中指出，流民与范长生的结合，是因为西晋地方政
权被摧毁，"土著地主阶级需要重建一个封建性的地方政权，作为
统治农民阶级的暴力工具。土著地主虽然具有一定的经济实力，
但是却没有足够的军事力量，因此他们只能把重建封建政权的希
望寄托在手握重兵的流民地主豪强的身上"。从流民军来看，在
夺取了益州地区统治权之后，就要利用政权的力量，恢复和发展
遭到严重破坏的地主经济，"如果流民地主豪强要想在巴蜀地区
扎下根，就必须和盘根错节的土著地主豪强携起手来，把他们作
为自己的一个依靠力量"。段玉明《范长生与巴氏据蜀关系再探》
（《云南教育学院学报》1989 年第 3 期）亦指出范长生在和巴氏
集团发生联系时，宗教因素是一个不可忽视乃至非常重要的因
素。李氏所率六郡流民其先世多为川东一带蛮族，以賨人为主。
但李氏与范长生结合因地域不同和时间推移，宗族原因不是主要
的。而魏晋时期蜀中道教受到压制，五斗米道首领渴望一个能够
使之合法化，使其飞速发展的地方政权出现，"范长生是一个五
斗米道徒，且是一个颇有影响的宗教领袖，李氏父子所率賨人又
特别笃信五斗米道，以这样的基础建立一个政权，正是像范长生
这样的五斗米道首领所理想的。这就是范长生所以支持李氏的核
心所在"。

国外学者也有类似观点，如索安《早期道教救世主义中的真
君形象》认为："成汉的李雄、刘宋的刘裕、北魏的拓跋焘和唐朝
的李渊，很可能都曾根据道教的理论把自己作为救世真君的化身，
以此象征天命在己。"祁泰履《大成：一个中国千年 （转下页注）

戴李雄，成就成都王大业。此时六郡流民集团的军事
领导权早已在李雄手里，因此李流死前将李骧、李雄

（接上页注）王国的宗教与种族》一文论证"李氏家族利用种族和
宗教的力量来强化集团内部的凝聚力，使大成政权得以维持 40 多
年"，〔以上两文均转引自刘屹《近年来道教研究对中古史研究的
贡献》，《中国史研究动态》2004 年第 8 期，但刘屹也认为："只有
范长生和李雄的关系确实体现出道教背景，祁泰履现在把从李特
到李势共 8 个君主都与道教扯上关系，证据不足。"〕等等，从各
个角度论证了范长生领导的道教集团与李氏集团结合的根源，以
及其对于李氏建国、成汉发展等起到的积极作用。

此外，刘九生《巴賨建国的宗教背景》（《陕西师范大学学报》
1986 年第 1 期）一文认为賨人李氏被迁略阳以后，到李特、李
雄已是第三、四代，可他们非但没有忘记故国家乡，放弃先辈的
宗教信仰，反而向往着卷土重来割据称王，并且将这种企图化为
日甚一日的努力。从谯周谶言反映出来的当时实际是，大约在晋
武帝太始年间，李特兄弟南下串联，已经在绵竹赤祖一带形成了
自己的势力。李特以郫中细子自命，是想强调他是"李家道"的
及门弟子。原被分化而处于关陇和巴蜀的天师道五斗米之徒，已
经在李家道的名义下重新统一起来了。范长生支持成汉建国，实
际上是这个统一之花结出来的血缘性果实。李特自太始以来的串
联之所以能步步深入，是因为碰上了机会。惠帝太安二年（303）
七月以前巴賨李氏集团的活动在巴蜀和关陇交叉进行，藕断丝连
三十余年，既定的宗教传统起了不可或缺的作用，构成了范长生
支持李雄的先决条件——这就是巴賨建国的宗教背景。刘九生文
将李氏建国相关鼓动、运作活动推前太久，以此来附和谣谶的内
容，有一定的推测成分，论断较为武断。

二人所做对比，也不过是在既成事实之下进一步凸显李雄即位的合理性而已。李流死后，众人拥立李雄为大都督、大将军、益州牧，治郫城。李氏流民集团开始走上正式建国发展之路。

大成政权兴衰

〖 第三章 〗

大成政权自 304 年李雄建国，到 338 年李寿改国号为汉，历 35 年三主，是成汉国家的发展、鼎盛以及由盛转衰的主要时期。

一 李雄建国

大成国由李氏六郡流民集团中的第二代李雄所建。前文已经对李流末年军事权力从李流转移到李雄的情况有所分析，在李流死后，李雄即顺理成章地成为六郡流民集团的领导者。

李雄，字仲儁，是李特第三子，身长八尺三寸，容貌俊美。其母即此前曾经在北营保卫战中骁勇异常的罗氏。史载李雄出生颇有神异，罗氏曾梦到两条彩虹从自家门前升天，其中一条中断，不久生下李荡；此后又曾经在汲水之时突然睡着，梦到大虹（一作大蛇）[1] 绕其身，于是怀孕，历经十四个月而生李雄。罗氏经常对人说，自己两个儿子如果有一人早死，另一个必然大富大贵，以对应双虹升天的征兆。此外，有相工称赞李雄面相应位过三公，另有道术士刘化，预言关陇之民都将南下，李氏诸子只有李雄"天资奇异，终为人主"，等等。这些本为帝王自我神化的常辞，因賨人尤信巫觋，故在成汉国家显得尤为重要。经过这些神异内容的塑造，李雄建国自立从各个方面造好了声势。

李雄被流民推立之后，即派武都人朴泰前往罗尚处诈降，称李骧与李雄因困守孤城、粮草供应不济而归咎于对方，每天争斗不止，李骧准备带领民众往江西（郫水之西）就食，这正是平定李氏的好机会，以此劝说罗尚进攻郫城（今四川成都市郫都区），自己则做内应，举火为信号。罗尚信以为真，以珍宝金银赏赐朴泰，朴泰以事成之后再领赏赐不晚为由拒绝，

---

1 《太平御览·偏霸部七·李雄》作"大虹"，《晋书·李雄载记》作"大蛇"。

又请求罗尚派人随自己进一步侦查，这些行为更加坚定了罗尚的信任。于是派遣隗伯率兵攻城，李骧伏兵伪装叛军，引诱隗伯攻城，朴泰则将登城长梯放于城外。[1] 隗伯军见信号火起，争相登上长梯攻城，李骧伏兵四起，大破隗伯军。又趁势追击直达成都城下，装作已经攻取郫城，大呼万岁。罗尚没有防备，将李骧追兵放入少城才发觉上当，于是退入太城自保。李骧又转攻犍为（今四川眉山市彭山区东），俘斩犍为太守龚恢，以李溥为犍为太守，切断了罗尚的运输通道。隗伯身受重伤，被李雄生擒，但李雄念隗伯伤重，且为大将梁双岳父，为安抚梁双而赦免了隗伯。

太安二年（303）闰十二月，李雄发兵急攻罗尚。罗尚军中缺乏补给，陷入饥乏境地，无奈之下留牙门将张罗守城，自己趁夜由牛鞞水（今沱江）东走。张罗守城一夜，亦逃走，李雄顺利进入成都，随即因军粮不继，转而率军前往郪县（今四川绵阳市三台县南）发掘

1　此处依任乃强《华阳国志》卷 8《大同志》，第 469 页注 ⑱ 考证。

野芋充饥。梁州刺史许雄则因讨伐李氏流民集团不利，被征还朝服罪，而以护军张殷、汉中太守杜孟治、都战帅赵汶、巴西太守张燕、梓潼荆子等守汉中。

永兴元年（304）正月，罗尚逃到江阳（今四川泸州市），遣使上书朝廷告知事情经过。西晋下诏使罗尚暂时统领巴东、巴郡、涪陵三郡以供给军赋。二年，都督荆州诸军事刘弘又运米三万斛资助罗尚。

另一边，李雄经过一段时间的休整后逐渐恢复了元气，开始考虑建国之事。李氏流民集团自太安二年七月以后即受到范长生的资助，而范长生"岩居穴处，求道养志"，在蜀地有很高的威望，因此李雄想推范长生为君主，自己则为臣辅佐。范长生坚决不同意，并提出："推步太元，五行大会甲子，祚钟于李，非吾节也。"[1] 从这一过程中的博弈可见双方在据巴蜀建国一事上均有所顾虑。对于李雄来说，统领六郡流民经历数年征战，其最终目的就是占有巴蜀之地，建立"流民国家"，而此时又已占有蜀地，正是成就大业之时，自立建国不可避

<hr />

1 （宋）李昉：《太平御览》卷123《偏霸部七·蜀李雄》。

免。但流民长期接受范长生资助，范长生既是巴蜀地方实力派，又是宗教领袖，立足巴蜀必须获得范长生的支持，因此有让位范长生的举动，这是对范长生影响力的承认，可能也有试探范长生意图的考虑。对于范长生来说，李氏六郡流民集团人数达到十余万，对于人口大量流失的巴蜀地区来说有绝对力量优势，自身虽然为巴蜀实力派，且有蜀人拥护，但也无法控制六郡流民，更难以与之直接抗衡，而且自己此前逢乱世之时即主要考虑在青城山隐居，也不想因谁为君主一事卷入巴蜀的军事冲突。因此从各个方面因素考虑，李雄表现出让位的姿态，范长生也力推李雄为主，并凭借自身道教领袖的身份给出了天命的预言。[1]

最终，当李雄平衡了内外各方关系以后，正式建国即提上了日程。永兴元年十月，杨褒、杨珪等诸将

1　学术界相关探讨参见前注所引。任乃强认为范长生实劝李雄自立而非自王，盖亦劝雄与其众耕垦自给，奉行"太平道"之治术，非即劝雄自立为封建王国之首领。此其与李雄诸人思想意识根本分歧处。然李雄个人，思想上实受其影响。参见《华阳国志》卷9《李特雄期寿势志》，第486~487页注⑥。

共同尊请李雄称王，李雄于是即成都王位于南郊，大
赦境内，改元建兴。[1]废除西晋法律，与蜀人约法七章。
以李骧为太傅，李始为太保，折冲将军李离为太尉，
建威将军李云为司徒，翊军将军李璜为司空，材官将
军李国为太宰，阎式为尚书令，杨褒为仆射，杨发为
侍中，杨珪为尚书，李溥为益州刺史[2]，徐轝为镇南将
军，王达为军师。尊母罗氏为王太后。追尊曾祖李虎
为巴郡桓公，祖父李慕为陇西襄王，父李特为成都景
王。追谥李辅为齐烈王，李庠为梁武王，李流为秦文
王，李荡为广汉壮文公。李氏大成国政权正式建立。

　　李雄即位之初仍谦抑不敢决断，事事请决于李国、
李离。这应该也是因为李雄与李离在此前夺取兵权之
时曾有"约与君三年迭为主"的约定，这是李雄称王
建国仍然要平衡的一个内部关系。而面对李雄已经确
立的绝对领导地位，李国、李离等也十分清楚此前的

1　此事各书记载出入较多，此处依任乃强考证。见《华阳国志》
卷9《李特雄期寿势志》，第488~489页注⑩。
2　考证见任乃强《华阳国志》卷9《李特雄期寿势志》，第
487~488页注⑥。

约定早已成为具文，二人侍奉李雄日益谨慎，大成国
政治开始走上正轨。

建国后的大成国经过了一年多较为平静的时期，
除了建兴元年（304）十一月，罗尚屯兵巴郡，派遣军
队向蜀中劫掠，斩李雄从祖李冉，俘获李骧妻子昝氏、
儿子李寿，十二月，大成国太尉李离攻汉中，杀都战
帅赵汶，二年八月，李雄遣李骧进攻汉安（今四川内
江市西）等事外，史籍不见有其他记载，推测李雄新
取得成都建国以后，主要面临国内的建设问题而无暇
顾及其他。西晋也忙于应对匈奴各族在中原的崛起，
对于大成国一时无力大举讨伐，因此没有对大成国的
详细记载。

到了建兴三年（306），李雄开始向南、北有所扩张。
向南开始介入宁州，因南夷校尉、宁州刺史李毅坚守，李
雄鼓动宁州夷人叛乱，围攻州城（今云南昆明市晋宁区
东北）。李毅病死后，其女李秀被众人推举领宁州事，对
抗夷人叛乱。[1]向北则于十二月遣别帅李离寇西晋梁州。

1　此事各书记载有异，《资治通鉴》卷86考异曰："怀（转下页注）

晏平二年（307）春，罗尚开始设立关成直到汉安、僰道
（今四川宜宾市，一说今宜宾市西），并侨置郡县以安置
巴蜀流民，又在诸村坞堡设置参军以强化防御。

三月，关中流民邓定、訇氏等占据城固，并劫掠
汉中，西晋巴西太守张燕率牙门武肇、汉中郡丞宣定
围攻邓定，邓定被迫向李雄求援。五月，李雄派遣李
离、李云、李璜、李凤等入汉中救援邓定。杜孟治听
闻李雄出兵，命张燕撤兵回保梁州城。但张燕以邓定
降而复叛，急于消灭邓定而不听杜孟治命令。李离兵
到后先攻破武肇营寨，又立即攻破邓定军。张燕见状
不敢对战，率百余骑兵逃走，李离大破梁州兵。牙门
蔡松劝告杜孟治城不可守，但护军想据城固守。杜孟
治认为李雄必欲取得汉中，虽然城池坚固，但士兵、
民众已经"破胆"，无法据守。于是开城逃走，护军

（接上页注）帝纪：'永嘉元年五月，建宁郡夷攻陷宁州，死者三千
余人。'李雄载记曰：'南夷李毅固守不降，雄诱建宁夷讨之。毅
病卒，城陷，杀壮士三千余人，送妇女千口于成都。'王逊传云：
'李毅卒，城中奉毅女固守经年。'华阳国志有毅卒年月及女秀守
城事，今从之。"（第2719页）

则北归中原。李离等在汉中屯兵十余日而归，并迁徙汉中民于成都，以弥补蜀地人口不足的问题。[1]汉中民句方、白洛等还汉中为李氏据守。

建兴三年三月，范长生自青城山来到成都，李雄亲自到城门迎接，即拜范长生为丞相，尊称为"范贤"。又因李流之子李罿没有陪同迎接，特诛杀之以显示对范长生的尊重。范长生即劝李雄称帝，六月，李雄在成都即皇帝位，大赦天下，改元晏平，定国号为"大成"。[2]追尊李特为景皇帝，庙号始祖；王太后

---

1 《晋书·李雄载记》记李雄派李国、李云率众两万进攻汉中，梁州刺史张殷逃往长安，李国攻陷南郑，并将汉中民迁往成都之事，但无时间，以内容来看应与此为一事。

2 《晋书》卷4《惠帝纪》记李雄国号"蜀"，并系于永兴二年（305）（第105页）。靳润成据此认为"蜀又称汉、成，这些国号均与蜀国号有密切联系，是从蜀国号派生出来的"，是"继承前代中原王朝的国号（包括政区名称）"。（《十六国国号与地域的关系》，《历史教学》1988年第5期）。但论证较为单薄。胡阿祥认为李雄起自成都，故取"成都"之成，定国号为成（《吾国与吾名》，江苏人民出版社，2018，第126页）。祁泰履《传统中国的民族身份与道教身份认同》（《正一道教研究》第五辑，宗教文化出版社，2016）则认为"大成"之号取自一本道经里的一段预言，但没有详细举证。综合各说，胡阿祥所论较为确切，"成"当出自"成都"。

罗氏为皇太后。尊范长生为四时八节天地太师，封西山侯；复长生部曲不用缴纳赋税徭役，所得租税皆入长生之家。[1]

大成政权建立以后，其国家草创，制度很不完备，各种礼法欠缺，导致将领各自以功高宠隆，争执班位。对此，尚书令阎式上书曰：

> 夫为国制法，勋尚仍旧。汉晋故事，惟太尉、大司马执兵，太傅、太保父兄之官，论道之职，司徒、司空掌五教九土之差。秦置丞相，总领万机。汉武之末，越以大将军统政。今国业初建，凡百未备，诸公大将班位有差，降而竞请施置，不与典故相应，宜立制度以为楷式。[2]

李雄听从了这一建议，大成政权的制度体系开始走向完备。

1　此事《太平御览》卷123《偏霸部七·蜀李雄》系于十月，但李雄六月称帝，至十月才加封范长生极不合理，故不取。

2　（唐）房玄龄：《晋书》卷121《李雄载记》，第3036页。

二 大成政权的发展与鼎盛

大成政权建国以后，从外部局势来说，匈奴汉
赵、石羯后赵等在中原逐步崛起建国，西晋陷入各少
数民族纷纷起兵反叛的汪洋大海之中，对北方中原地
区逐渐失去控制力。北方草原和辽西地区鲜卑纷纷崛
起，河西则有张氏走上独立发展的道路。西晋宗室、
大族开始逐渐向江南、河西、辽西迁徙。各方在北方
征战不休，给了偏居西南的大成政权较为有利的外部
环境。

晏平三年（308）十二月，大成尚书令杨褒卒。杨
褒是大成国直言之臣，曾劝谏李雄卖官、酗酒、轻出
等事，深为李雄器重。

另一边，大成平寇将军李凤屯兵晋寿（今四川广
元市西南），频繁北上袭扰汉中，导致汉中百姓流散
到荆沔地区，梁州基本不守。西晋为了控制梁州局势，
以顺阳内史（治今湖北老河口市西北）江夏张光为梁
州刺史，修治新城。又以荆州地区寇盗不断，派遣刘
璠为顺阳内史，以稳定荆州局势。

　　晏平四年十月，李离部将罗羡、訇琦、张金苟[1]等
于梓潼（今四川绵阳市梓潼县）攻杀太尉李离，尚书
令阎式时在李离处，故一同遇害。罗羡等以梓潼投降
罗尚[2]，十二月，訇琦等将李离母子送于罗尚，罗尚斩
之，并以李离妻女奴婢分赐将士。李雄派遣太傅李骧、
司徒李云、司空李璜等进攻梓潼，但未能攻克，李云、
李璜反而战死。罗尚又遣平西参军向奋屯兵安汉（今
四川南充市北）之宜福，张罗屯兵平无（今四川眉山
市彭山区东北）以压迫李雄，李雄率兵进攻向奋，未
能取胜。梓潼的丢失给了周边各种力量以机会。此前
谯周之子居于巴西（今四川阆中市），被大成国巴西
太守马脱所杀，其子谯登前往镇南将军刘弘处请求军
队以复仇。刘弘于是上表请封谯登为扬烈将军、梓潼
内史，使其招募巴蜀流民为兵。谯登招募士兵两千余

1　此处《华阳国志·大同志》作"天水訇琦、张金苟，略阳罗
羡"，《华阳国志·李特雄期寿势志》作"罗羡、訇琦"，《晋
书·李雄载记》作"罗羡、张金苟"，《资治通鉴》卷87作"天水
人訇琦"。
2　《晋书》卷5《怀帝纪》系于九月（第119页）。

人后即西进，到达巴郡（今四川南充市北）后向罗尚请求增加兵力，但被罗尚拒绝。谯登于是猛攻宕渠（今四川达州市渠县东北），斩巴西太守马脱，食马脱之肝复仇。此时正逢罗羡等以梓潼投降，谯登于是进入涪城（今四川绵阳市东），李雄进攻谯登，反被谯登所败。又有西晋折冲将军张罗进据犍为合水，使大成国在东面受到的压力进一步增大。晏平五年二月，大成国在东面的形势进一步恶化，李国部将文硕（一作文石）[1] 杀太宰李国于巴西，以巴西归降罗尚。梓潼、巴西均为西晋所控制。

东北方向一些重镇的不断丢失使大成国东北边疆几乎门户大开。四月，李雄因部将张宝之弟在訇琦营中，对张宝提到如果其能够重新夺回梓潼，即以此前梓潼守将李离的官职——太尉封赏张宝。张宝于是先杀人犯法，假意亡命逃奔梓潼。訇琦等对张宝十分信任，将其作为心腹之人。恰巧此时罗尚使者来到梓潼

---

1 《华阳国志·李特雄期寿势志》《晋书·李雄载记》均作"文硕"，《华阳国志·大同志》《资治通鉴》卷87作"文石"。

慰劳訇琦等人，訇琦等出城迎接，张宝于是在城中关闭城门据守，訇琦等无奈之下逃奔巴西，李雄由此重新夺回梓潼，随即按照此前的约定加封张宝为太尉。七月，与李氏集团争斗数年之久的罗尚卒于巴郡，西晋另以长沙太守皮素代之。

此时李雄亲自率兵进攻向奋，向奋抵挡不住退走。十一月，太傅李骧进攻谯登的涪城。恰巧皮素到达巴东（今重庆奉节县东），便派平西将张顺、杨显救援谯登。罗尚之子罗宇及其手下素来嫌恶谯登，见谯登陷入重围而不给其补充军粮。益州刺史皮素大怒，准备对罗宇治罪，双方产生矛盾。十二月，皮素到达巴郡，罗宇即趁夜派降人天水赵攀、阎兰等刺杀了皮素，建平都尉暴重又杀死罗宇，巴郡大乱，再无力援助谯登。李骧得知谯登食尽援绝，于是加紧攻击涪城。涪城内军民缺乏粮食，只能捉老鼠吃，饿死人数甚众，但仍没有一人叛离。李骧之子李寿本在谯登处，谯登最初想以李寿引诱李骧，但此时被攻紧急，救援不至，便将李寿放归李骧。另一边，为了稳定巴郡形势，平西将军府、益州刺史府、西戎校尉府等属官上表请巴

东监军、冠军将军韩松为益州刺史，治巴东。大成国
东部的形势有所好转。

在南边，大成政权不断袭扰宁州，宁州内部又不
断爆发夷人叛乱，城邑多变为废墟。晏平五年，西晋宁
州刺史王逊到达宁州，上表请李钊为朱提（今云南昭通
市）太守以防御李雄。王逊在内节衣缩食，勤政不倦，
在外招集逃散人口，诛杀不遵法纪的豪右，打击叛乱蛮
夷，最终使宁州形势好转，也使大成政权南下受阻。

玉衡元年（311）正月十七日，李骧攻拔涪城，俘
获梓潼太守谯登。太保李始督李凤攻拔巴西，杀太守
文硕。连续的胜利使李雄大喜，于是大赦境内，改元
玉衡。谯登被押解到成都之后，李雄本想加以宽宥，
但谯登言辞坚定不屈，李雄无奈，杀之。随即李雄又
聚众进攻僰道，击走犍为太守魏纪，击杀江阳太守姚
袭。二月，原本投降罗尚的氐人苻成、隗文[1]反叛，从
宜都（今湖北宜昌市东南）逃往巴东，建平都尉暴重

---

1 《华阳国志·大同志》注中对此二人有所考证，参见该书第477
页注③。

讨伐苻成等，就势击杀益州刺史韩松，自领三府事。到了三月，益州官员同谋击杀暴重，并上表请巴郡太守张罗掌三府事。大约在此时，张罗又招募李雄姨弟任小刺杀李雄，几乎成功。

张罗继任后亲自讨伐隗文，迫使其投降。但不久隗文再次叛乱，劫持巴郡太守黄龛。张罗随即遣军讨伐隗文，但军败身死。隗文等人见荆州不宜立足，于是驱赶吏民西向投降李雄。任回追获西晋犍为太守魏纪。三府文武又上表请平西司马王异行三府事，领巴郡太守。梁州刺史张光复归汉中。玉衡二年，龙骧将军、江阳太守张启又与广汉罗琦杀王异，张启行三府事、罗琦为巴郡太守，三府文武又推涪陵太守向沈为西夷校尉。八月，西晋阴平都尉董冲驱逐太守王鉴，以阴平郡投降李雄。大成国东边的益州残余力量连续爆发内部动乱，西晋政府无力加以支援和控制，给大成国的进一步东进扩张埋下了伏笔。

玉衡三年三月，西晋西夷校尉向沈卒，部属推举汶山太守兰维为西夷校尉。兰维以守城艰难，率领吏民北走，准备前往巴东，途中为大成将军李恭、费黑俘虏，巴蜀盆地与李氏流民集团、成汉政权持续对抗的地主豪门被消灭殆尽。

玉衡四年正月，在梁州发动叛乱的杨虎难以立足，劫掠汉中吏民奔于大成国。扶风人邓定也率领流民数千家入蜀。梁州人张咸等起兵驱逐占据梁州的氐王杨难敌，杨难敌退走后，张咸等即以其地归降大成。大成国获得汉嘉（今四川雅安市芦山县，一说雅安市名山区北）、涪陵（今重庆涪陵区）、汉中之地，益、梁、宁三州多入大成国，李雄于是以李凤为征北大将军、梁州刺史，任回为镇南大将军、南夷校尉、宁州刺史，李恭为征东大将军、南蛮校尉、荆州刺史。但此时除益、梁二州外，宁州、荆州多为虚封。同时，武都氐王杨难敌等为刘曜击破，逃奔葭萌（今四川广元市西南），并以子为质于大成。随着大成国内外形势的发展，又有天水陈安向李雄称臣，西晋湘州刺史杜弢向大成求援，西晋凉州刺史张骏遣使通好，汉嘉夷王冲[1]遣子为质，

1　考证参见任乃强《华阳国志》卷9《李特雄期寿势志》，第490页注⑤。

朱提雷炤率民归降，梁水太守爨量（一作罝）[1]、益州太守李逿投诚示好等举动，大成政权一时在西部地区成为举足轻重的决定力量。

与外部形势逐步好转相对应，大成国内部也开始走上高速繁荣的发展道路。李雄、李骧于内政上勤恤百姓，李凤、李回、李恭招纳流民于外，成果显著。在用人方面，李雄能够随才授任，而且很包容，善于纳谏。如氐人苻成、隗文等对李雄反复叛离，甚至刀伤其母，李雄对苻成等人并不怪罪，反而厚待二人，仍以之为将。又有杨褒劝谏李雄三事，史载：

> 雄意在招致远方，国用不足，故诸将每进金银珍宝，多有以得官者。丞相杨褒谏曰："陛下为天下主，当网罗四海，何有以官买金邪！"雄逊辞谢之。后雄尝酒醉而推中书令，杖太官令，褒进曰："天子穆穆，诸侯皇皇，安有天子而为酗也！"

---

1 《华阳国志·李特雄期寿势志》作"爨量"，《资治通鉴》卷89作"爨罝"。

雄即舍之。雄无事小出，褒于后持矛驰马过雄。雄
怪问之，对曰："夫统天下之重，如臣乘恶马而持
矛也，急之则虑自伤，缓之则惧其失，是以马驰而
不制也。"雄寤，即还。[1]

此外，李雄母亲罗氏病卒，李雄信巫觋之言，乃至准
备不葬，被司空赵肃劝止。李雄又想服丧三年，经过
李骧、上官惇、任回等的反复劝谏，最终除服亲政。
在司法方面，李雄也宽松以治，"刑政宽简，狱无滞
囚""刑不滥及"。李雄积极听取意见，以及较为宽容
的政刑态度给了大成国宽松的政治环境。

在恢复社会经济方面，李雄确定赋税为每年丁男
谷三斛，丁女一斛五斗，疾病者减半，户调绢不过数
丈、绵不过数两，"事少役稀，民多富实"。而对新投
附的百姓，李雄皆免除其赋役，以安定之。这些措施
使大成国社会经济恢复很快，乃至达到"闾门不闭，
路无拾遗"的状态。在文化教育方面，李雄兴办学校，

---

1 （唐）房玄龄：《晋书》卷 121《李雄载记》，第 3040 页。

设置学官。经过李雄等人的不断努力，大成政权"宽和政役，远至迩安，年丰谷登"，归附大成国者日月相继。故大成国内部的发展在很长一段时间内较为平稳，此后内政上仅有玉衡五年正月，李雄立妻子任氏为皇后，玉衡八年四月，丞相范长生卒，李雄以范长生之子侍中范贲为丞相几事。

在外部，大成国向北、向南均有扩张。玉衡六年五月，因西晋宁州刺史王逊严厉且喜欢诛杀，平夷太守雷炤、平乐太守董霸、流民阴贡攻破牂柯（今贵州黔南布依族苗族自治州瓮安县东北）、平夷（今贵州毕节市）、南广（今四川宜宾市筠连县西南），率三千余家叛归大成。玉衡七年正月，李雄派李恭、罗寅寇巴东。

李雄侄子李稚本来屯兵晋寿，而大成梁州刺史李凤常年在北方作战，功勋卓著，李稚对此十分忌惮，李凤也深感危机。玉衡八年十二月，李凤感觉无法自立，以巴西叛。李雄派遣太尉李骧讨伐李凤，但李骧久驻梓潼不进军。李雄于是亲自前往涪城督战，李骧不得已进军，击斩李凤，改以李寿为梁州刺史、督巴西郡，总理北方之事。

玉衡十年，此前投奔大成的杨难敌、杨坚头等人，因贿赂晋寿守将李稚而没有被送到成都，反而被放回武都（今甘肃陇南市成县西）。杨难敌返回武都后即叛离大成国，转而依靠险要地势多行不法，如玉衡十年杨氏攻走大成阴平太守罗演，夺取阴平郡（今甘肃陇南市文县西）地，使李稚自悔失策，转向李雄建议讨伐杨难敌。李雄听从建议，但群臣对此多不赞成，李雄一意孤行，派遣侍中、中领军李玙，将军乐次、费他、李乾等由白水桥进攻下辩（今甘肃陇南市成县西北），征东将军李寿统李玙进攻阴平，两路进攻杨难敌。杨难敌先遣军抵御李寿、李玙，使二人进退不得。另一边的李玙、李稚则长驱直入到达武街（今甘肃陇南市成县西北），又被杨难敌遣兵切断退路，李寿一支被拖住救援不至，导致李稚等陷入重围，李稚、李玙被俘皆死，士兵死者数千人（一作千余人）[1]。李玙、李稚为李荡之子，有"名望志尚"，两人之死使

1　《华阳国志·李特雄期寿势志》作"千余人"，《晋书·李雄载记》作"数千人"。

李雄十分惋惜自责。玉衡十二年五月，李雄将张龙进攻巴东，为东晋建平太守柳纯击败。此后数年，大成国没有再向北发动军事行动。

解决北方动荡之后，李雄开始向宁州进军。玉衡十三年正月，李骧、任回进攻台登（今四川凉山彝族自治州冕宁县南），东晋将军司马玖战死。李骧率军讨伐越巂（一作巂）（今四川西昌市东南）。作战不利之下，东晋越巂太守、西夷校尉李钊，汉嘉太守王载均以郡降于李骧。同年五月，李骧进兵，由小会进攻宁州刺史王逊，王逊遣姚岳抵御。李骧于堂狼（今云南安亭市富民县境）作战不利，又遇大雨，于是引军退还成都，在渡过泸水之时死伤惨重。李钊到达成都后，李雄对其十分尊崇，将"朝迁仪式，丧纪之礼"均交由李钊决断。十四年十二月，东晋梁水太守爨量、益州太守李遏以兴古郡降于成。大成政权开始控制宁州部分地区。此后越巂少数民族斯叟进攻守将任回、越巂太守李谦，李雄派遣征南将军费黑助兵讨伐，陷入旷日持久的对斯叟作战。

李雄在军事之外的外交活动中也表现出了非凡的

气度，前凉张骏曾派遣参军傅颖、治中从事张淳向李雄送信，劝说李雄去尊号向晋称臣。李雄对此回信说：

> 吾过为士大夫所推，然本无心于帝王也，进思为晋室元功之臣，退思共为守藩之将，扫除氛埃，以康帝宇。而晋室陵迟，德声不振，引领东望，有年月矣。会获来贶，情在暗室，有何已已。知欲远遵楚汉，尊崇义帝，《春秋》之义，于斯莫大。[1]

此言得到张骏的看重。张骏又曾派遣傅颖向李雄借道，以向东晋通使，李雄不准。此后张骏派遣张淳向大成国称藩，借此通使于东晋，李雄大喜，与张淳的一段对话表达了李雄对于晋室的矛盾心理：

> （李雄）谓淳曰："贵主英名盖世，土险兵强，何不自称帝一方？"淳曰："寡君以乃祖世济忠良，

1　（唐）房玄龄：《晋书》卷121《李雄载记》，第3039页。

未能雪天下之耻，解众人之倒悬，日昃忘食，枕戈待旦。以琅邪中兴江东，故万里翼戴，将成桓文之事，何言自取邪！"雄有惭色，曰："我乃祖乃父亦是晋臣，往与六郡避难此地，为同盟所推，遂有今日。琅邪若能中兴大晋于中夏，亦当率众辅之。"[1]

又曾有巴郡以有晋兵而告急，李雄对此指出："吾常虑石勒跋扈，侵逼琅琊，以为耿耿，不图乃能举军，使人欣然。"[2]

从这几段文字可以看到，李雄一方面自立称雄，但对于"天下归心"的晋室仍心存顾忌，于是频繁试探前凉张骏，想从忠诚于东晋的前凉那里得到更多自立的"合理性"。另一方面，李雄想通过晋室的影响力来平衡自己与周边各个政权、割据力量之间的关系，以获得更好的发展空间，因此才有如此摇摆不定的态

---

1 （唐）房玄龄:《晋书》卷 121《李雄载记》，第 3039 页。
2 《华阳国志》卷 9《李特雄期寿势志》，第 492 页。《资治通鉴》卷 89 作"吾常忧琅邪微弱，遂为石勒所灭"（第 2811 页）。

度。而最终李雄也仍然采用一种摇摆的态度，回旋于各方力量之间。

三 李班、李期的短暂更迭与大成政权的衰落

玉衡十二年（322）[1]正月，大成国陷入了一次有关继承人问题的争论，这次的选择成为此后大成国内乱的根源。李雄皇后任氏无子，只有庶子十余人，此外又以兄长李荡之子李班为养子，令其拜任皇后为母。此时恰逢群臣请求为国立太子，李雄即准备立养子李班为太子，维持自李特以来的嫡长子继承制，并提到自己起兵之初并没有建立帝王之业的野心，只是恰巧赶上天下大乱，被大家推举得以居帝王之位，但开创事业的功劳在先帝李特。兄长李荡本为李特嫡长子，有雄才大功，可惜功败垂成，所幸李荡子李班仁孝好学，一定能够继承先人事业。群臣十分紧张，都劝谏李雄要立亲生之子，太尉李骧、司徒王达说道："先

1　时间考证参见任乃强《华阳国志》卷9《李特雄期寿势志》，第494~495页注⑨。

王树冢嫡者，所以防篡夺之萌，不可不慎。吴子舍其子而立其弟，所以有专诸之祸；宋宣不立与夷而立穆公，卒有宋督之变。犹子之言，岂若子也？深愿陛下思之。"[1]明白指出了弊端。但李雄一意孤行，坚持立李班为太子。李骧等皆预感到这一事件必然为祸乱之始。李班为人谦恭下士、遵循礼法，十分得李雄之心，立为太子之后，李雄每有重大朝政商议，都让李班参与，为其未来施政做铺垫。

玉衡十五年十二月，东晋荆州刺史陶侃上表以零陵太守尹奉为宁州刺史。尹奉到任后，重金招募夷人刺杀投附大成国的梁水太守爨量，又招降益州太守李逷，使宁州重新由东晋统治，使大成国在南方发展不利。玉衡十六年六月，大成击破越巂斯叟。九月，李雄遣张龙进攻涪陵，俘获太守谢俊。第二年，越巂太守李谦将郡民迁往蜀地，以回避当地少数民族的袭扰。同时，东晋宁州秀才庞遗起兵攻成将任回、李谦等，李雄派遣罗恒、费黑前往救援。尹奉遣裨将姚岳、朱提太守杨术增

---

1 （唐）房玄龄：《晋书》卷121《李雄载记》，第3038~3039页。

援庞遗，双方战于台登（今四川凉山彝族自治州冕宁县南），杨术战死，暂时化解了南方的危局。十六年九月，大成将领张龙寇涪陵，俘获太守谢俊。十八年十月，再次派遣张龙寇涪陵，俘获太守赵弼。

玉衡十八年冬，大成国太尉、汉王李骧卒，追赠相国，谥号汉献王。李骧子征东将军李寿自晋寿返回成都奔丧。李雄改以李玝为征北将军、梁州刺史，代李寿镇守晋寿。李玝到任后即修整晋寿军屯加强军备。玉衡二十年十月，李雄加封李寿为都督中外诸军事、大将军、中护军、西夷校尉、侍中、录尚书事，封扶风公，统领如李骧，并命李寿督征南将军费黑、征东将军任邵等攻拔巴东，东晋巴东太守杨谦、监军毌丘奥退走，杨谦退保建平（今重庆市巫山县），毌丘奥退保宜都（今湖北宜昌市东南），李寿再遣费黑进攻建平。此时又有梓潼、建平、汉固三郡蛮巴叛降于石勒，可能即与大成国在此的攻伐有关。[1]玉衡二十一年

---

1 《晋书》卷105《石勒载记下》记此事于石勒营建邺城之后，推测应大约在此时（第2748页）。

第 三 章
大成政权兴衰

春，李寿自建平返回，以任邵屯兵巴东。李雄以子李
越为车骑将军，驻军广汉（今四川遂宁市射洪市南）。
七月，李寿再次率兵讨伐阴平、武都，迫降杨难敌。
冬，李雄修筑涪县城，进一步加强防御。玉衡二十二
年，李寿大举出兵进攻宁州，以征南将军费黑[1]为司
马，与邵攀等为前锋，出广汉，自南广入，又派遣镇
南将军任回（一作任回子调）[2]由越嶲（今四川西昌市
东南）进军，征讨木落，分化宁州兵力。十月，李寿、
费黑兵至朱提，朱提太守董炳坚守。宁州刺史尹奉派
遣建宁太守霍彪、夷人大姓爨深等助兵董炳。此时李
寿已经围城，见霍彪援军到来，准备收兵先抵御霍彪。
费黑认为朱提城中粮食短缺，霍彪等援军也没有太多
随军粮食，应该将霍彪等放入朱提城，这样就能快速
消耗城中存粮，利于后续的攻城作战。但霍彪等援军
入城后，李寿一时仍然无法快速攻下城池，于是准备

1　此费黑《资治通鉴》卷95记为"征东将军"（第2984页），
但以前后文看应为"征南将军"之误，故改。
2　《华阳国志·李特雄期寿势志》作"任回子调"，《资治通鉴》
卷95作"任回"。

全力猛攻。费黑又建议："南中道险，俗好反乱，宜必待其诈勇已困。但当日月制之，全军取胜，以求有馀。溷牢之物，何足汲汲也。"[1] 李寿没有听从建议，全力攻城之下果然失利，由此十分钦佩费黑计谋，将军事谋划之权完全委托给费黑。到了第二年正月，经过长时间的围城战之后，朱提城终于不守，董炳、霍彪出城投降，李寿名声大振。三月，宁州刺史尹奉在内外交困之下也举州投降，李寿将尹奉送入成都，李雄以李寿为宁州刺史，大赦境内。宁州除牂柯外均被大成国所控制。[2]

---

1 《华阳国志》卷9《李特雄期寿势志》，第492页。

2 按：对于南中地区与李氏成汉国家的互动关系，姚乐野、段玉明《论李氏据蜀与南中的关系》(《贵州民族研究》2004年第4期) 认为南中毛诜、李睿、李猛等人起兵反晋，使南中晋军不敢贸然抽调重兵北上助剿李氏流民集团。杜俊、雍约激怒南中大姓显然比梓潼、繁城战事更早，也使李毅不敢抽调重兵北上。李流、李雄采取近联三蜀、远结南中的正确政策对割据起了决定作用。李氏在取得范长生支持后，继续稳定南中，遣使南中，公开支持大姓夷帅起兵反晋。永嘉元年（307）于陵承攻陷宁州，在南中行动牵制，进而重创了南中晋军的力量，有力地支援了李氏兄弟所率流民集团扭转败局，其行动实际上已成为李氏割据巴蜀不可分割的部分。故在李氏割据过程中，南中大姓夷帅的反晋行动自始至终是颇具影响的。南中大姓夷帅反晋与西晋泰始六年（转下页注）

至此，大成国政权以益州为核心，北控梁州，南取宁州，东进荆州，在西部地区形成了一个较大的势力范围，实力达到极盛。李寿也因一系列的战功成为大成国军政方面的头号人物，为其后来的建国埋下了伏笔。

（接上页注）（270）以后改变政策，转而开始扼制大姓夷帅有关。地方官多改流官，仕进特权丧失几尽，经济上的剥夺等使其向李氏靠拢。南中对于成汉割据的意义如《读史方舆纪要·陕西纪要》指出"盖定南方然后可以固巴蜀"，大成欲长久割据巴蜀，南中势在必得，此其一。其二，南中地区自汉代以来社会经济发展非常迅速，对巴蜀割据已举足轻重。大成平定南中较为顺利的原因有两点：第一，南中大姓夷帅对西晋政府的不满；第二，大成政权对蜀汉政策的继承。在南中治理方面，大成统治时期南中地方官主要以当地大姓夷帅任之，除军事需要外，即使遣官南中也多以南中旧任充之。平定南中对于大成的意义在于，以疆域论，平定南中使大成国所辖区域达到顶峰，在地理形势上为大成割据奠定了基础，而且在政治上保证了大成一系列政治、经济措施的实施。此后李寿领宁州，"后转凌掠民"，对南中大姓夷帅的态度已有不恭，激起反叛。李寿即位后改变李雄重用南中大姓夷帅的策略是极有可能的，导致了南中大姓夷帅相继叛汉，李氏割据政权也就最终在桓温大军压境下俯首称臣了。相关研究还有《宁州大姓联合成汉反对晋王朝民族压迫的斗争（公元 265 至 420 年）》,《思想战线》1976 年第 4 期；赵晨韵《论南中大姓夷帅对成汉政权的影响》,《德宏师范高等专科学校学报》2018 年第 4 期；等等。

宁州平定以后，大成国军队最初在南中管理严格，并不扰民，此后逐渐松懈，开始欺凌劫掠百姓，导致大成国南中统治发生动荡。玉衡二十三年秋，建宁百姓毛诜、罗屯等叛乱，杀死太守邵攀；牂柯太守谢恕以郡投降东晋，但被李寿击破。李雄又遣李班率军讨平宁州夷人，加李班抚军将军。玉衡二十四年三月，为了更好地控制南中地区，李雄分宁州置交州，以霍彪为宁州刺史，爨深为交州刺史，封李寿为建宁王。宁州、交州的南中之地实际掌控在爨、霍两个地方大姓手中。[1]

六月，李雄患病，头上生疡，往年作战所负伤口均流脓溃烂。李雄诸子见状皆嫌恶而远之，只有太子李班日夜侍奉，衣不解带，并亲自吮脓、尝药，使李雄深感自己选人不误。为稳定权力的交接，李雄将大将军、建宁王李寿召回，下诏令李寿辅政。后六日李雄死，卒年六十一岁，谥号武皇帝，庙号太宗。李班

---

1 参见杨德华《论两晋时期宁州的设置及变动》，《云南教育学院学报》1992 年第 4 期；肖迎《成汉统治期间在西南民族地区设置的郡县》，《思想战线》1995 年第 5 期。

即皇帝位。十月[1]，葬李雄于成都安都陵。李雄既是大成国政权的实际建立者，也是推动大成国走向鼎盛的皇帝，但其在位时期也为大成国的发展留下了一定的隐患，继承人的选择就是其一。古代史臣对此即有较为清晰的认识：

> 仲儁天挺英姿，见称奇伟，摧锋累载，克隆霸业。蹈玄德之前基，掩子阳之故地，薄赋而绥弊俗，约法而悦新邦，拟于其伦，实孙权之亚也。若夫立子以嫡，往哲通训，继体承基，前修茂范。而雄暗经国之远图，蹈匹夫之小节，传大统于犹子，讬强兵于厥胤。遗骸莫敛，寻戈之衅已深；星纪未周，倾巢之衅便及。虽云天道，抑亦人谋。[2]

即指出了继承人的选择和军事力量的分配是李雄得失

---

1 《太平御览》卷 123《偏霸部七·蜀李雄》系于"十月"，《华阳国志》卷 9《李特雄期寿势志》系于"十二月丙寅"。
2 （唐）房玄龄：《晋书》卷 121《李雄李班李期李寿李势载记·史臣曰》，第 3049 页。

的关键。

李班，字世文，作为李雄养子，从个人德行等方面来看，具有较高素质。史载李班好学爱士，"谦虚博纳，敬爱儒贤"。以名士王嘏、天水人文夔、陇西人董融等为师友，又以司徒何点、李钊等为名臣，皆待以师礼，"进止周旋，勤于咨问"。而且性格仁爱、行为举动符合法度。当时李氏子弟大多崇尚奢靡，李班经常严厉训诫诸人。曾发表议论曰：

> 吾见周灵王太子晋、魏太子丕、吴太子孙登文章鉴识，超然卓绝，未尝不有惭色，何古人之难及乎！[1]

又曾对当时大成国所面临的社会问题提出意见：

> 班以古者垦田均平，贫富获所，今贵者广占荒田，贫者种殖无地，富者以己所余而卖之，此岂

---

1 《华阳国志》卷9《李特雄期寿势志》，第497页。

王者大均之义乎![1]

从以上两段记载可以看出李班对汉文化修养的追求，以及对当时基层社会困境的了解。但他又有性格较为轻浮急躁、酷爱田猎等不足。而从此后的行事来看，对礼制法度的过度遵循、对政治局势认识的不足也成为李班失败的重要原因。

李班即位后，即以建宁王李寿录尚书事，与司徒何点、尚书令王瓌等参决政事，自己则居中行丧礼，对外界的政治形势走向一无干预，为政变的发生打开了方便之门。

李雄之子车骑将军李越、安东将军李期等因李班本非李雄亲生之子，如今却继承大位一事十分不满。李越原本屯兵江阳，因奔李雄之丧赶到成都，于是与李期共同谋划叛乱。李班之弟李玝也自梁州返回成都奔丧，见状感到事情不妙，便劝说李班命令李越返回江阳，并任命李期为梁州刺史，代替自己出镇葭萌，

---

1 （唐）房玄龄：《晋书》卷121《李班载记》，第3041页。

以解决燃眉之急。李班以葬礼尚未完成，不忍心将二人发放外出，甚至为了消除二人的疑虑，将李玗外派屯兵于涪城。此时又有两道白气通天，太史令韩豹（一作约）[1] 以"宫中有阴谋兵气，戒在亲戚"的观气之法劝告李班，也不被李班采纳。李期见事情紧急，于是与李越商定之后，即于玉衡二十四年十月二十三日乘李班夜间哭灵之机，在殡宫杀李班。又杀李班兄长领军将军李都，并李班子李幽、李颙等人。又伪造太后任氏命令，下诏罗列李班之罪而废之。[2] 李班之弟李

---

1 《华阳国志·李特雄期寿势志》作"韩约"，《晋书·李班载记》作"韩豹"。

2 李班葬地不详，20世纪80年代成都浆洗街桓侯巷出土一成汉墓，围绕墓主产生很多争论。如最早在四川省博物馆的《四川文物考古工作三十年》[《文物考古工作三十年（1949—1979）》，文物出版社，1979，第355页]中认为此墓为李雄墓。王毅、罗伟先《成汉墓考古记》（《成都文物》1986年第2期）认为只能推断为一大人物尸身葬，具体身份不详。吴怡《成汉墓小考》（《四川文物》1992年第2期）、成都市博物馆编《"玉衡二十四年亲诏书立"与成汉墓主人》（《文物考古研究》，成都出版社，1993，第243~250页）认为从时间和地理位置来看，这座成汉墓不是李雄的安都陵，因雄墓在成都市北七里，李期则被废为邛都小县公后自缢，已于当年下葬邛都境内，且葬如王礼，显然也（转下页注）

许与其将焦叶、罗凯等投降东晋。

李班死后，众人准备推举李越为主，但李越以李

（接上页注）不可能是李期墓地。从该墓规模、形制来看都不可能是李寿安昌陵，李势则葬建康。此墓也不应是李班的，一是迁葬、平反昭雪李班等一系列措施皆于汉兴元年李寿上台初实施，不会等到汉兴四年或更晚才予以改葬。二是墓砖中有不少年号砖，其中"玉衡二十四年□诏书立"不应释为"亲"，而应为"辛未"连写。故"诏书立"应为设立、设置之意，即玉衡二十四年辛未皇帝下诏以烧制这种墓砖，而不是立李班为"嗣皇帝"的意思。该墓出土众多年号砖，很可能是沿用剩余的旧砖而已。墓主也不应为成汉皇室，因按当时规定、礼仪，成汉皇帝陵墓应比此墓更大和更豪华。另从该墓形制来看，此墓与同时期墓葬大体相同，所不同的是随葬品量大，且发现一烧制有"邑侯王大吉祥"的字砖，可见非一般小官僚墓葬，应是成汉宾人上层及其家属合葬墓。林集友《成都外南成汉墓主试探》（《四川文物》1989年第6期）、《成都外南成汉墓主再探》（《四川文物》1997年第1期）两文则与吴怡有颇多争论，坚定认为应是李班墓。一是墓中年号砖证明安葬时间应在李寿汉兴年间或稍后。从规模和形制来看肯定是成汉贵族墓，其等级超过曹魏诸侯王墓，又远比刘备惠陵低得多，应属于帝陵，但不像正规帝王陵墓。成汉又因袭晋制，尽管是宾人政权，按制度其正规帝王陵墓绝不会如此低小。综合史书、葬地、出土实物、特制砖来看，此墓应为李班之墓。李班夜间被杀，应草葬于成都附近，李寿追谥李班为哀皇帝，必要为班改葬，故所用墓砖止于汉兴，墓地自然在成都附近。且班袭位仅四个月，既未改元，又未预政，实际并未君临天下，加之李寿进成都时"许赏城中资财"，导致汉兴初国库空虚，故李班虽为嗣皇帝，（转下页注）

期为任氏养大，又多才艺，于是让位于李期。二十四日，李期即皇帝位，改元玉恒，上李班谥号戾太子[1]。李期，字世运，为李雄第四子，因生母冉氏身份微贱，被李雄皇后任氏养大。李期本身聪明好学多才艺，名

（接上页注）但墓冢比一般帝王陵墓在规模、形制方面相形见绌。而为了给李班昭雪，特别烧制了"玉衡二十四年亲诏书立"的墓砖。而且墓砖上的"亲"字十分清晰，为古代"親"字省文。解释为"辛未"有一定问题，一是皇帝没有必要下诏烧制墓砖；二是古代干支纪日必系以年月，墓中砖上干支错误应是由于民间砖工所作，"汉兴二年岁在甲子造"砖倒可能沿用过去剩余旧砖，"玉衡二十四年亲诏书立"砖是成汉皇室特别砖，不应发生没有干支纪日的疏误。此砖为李寿改葬李班时特别烧制，以此为李班昭雪，暴露李期阴谋篡位、弑君自立、矫诏诬陷李班的罪恶，表明李寿起兵讨伐李期是诛乱臣贼子。而"亲诏书立"李班为嗣皇帝有其必要性，是李雄担心自己死后李班不能顺利继位，或者以后帝位不稳。此外，賨邑侯是百年前曹魏时事，流民入蜀及起义未见有賨邑侯参加的情况，六郡大姓首领此时已被排除殆尽，成都诸李也几乎被斩尽杀绝，故也只能是李班墓。

1　林集友《成都外南成汉墓主试探》（《四川文物》1989年第6期）认为李期上李班谥号"戾太子"是别有用心。一是想向朝野表明李班并未袭位，不是"嗣皇帝"，仅是个"太子"，二是诬蔑李班对李雄心怀叵测，虽是太子，李雄不可能要他承袭帝位，从而达到一箭双雕的目的（一方面说明李班得罪先帝，杀之有理，另一方面说明自己承继大统名正言顺）。

声很好。李雄曾经命令诸子及宗室子弟招募部曲，以测试各人的能力和声名威信，诸子招集多的也不过数百人，只有李期招纳千余人，表现出了出色的个人能力。此外，李期在用人上也多有建树，所推荐的人李雄多加以任命，因此长史等各级官署多出自李期推荐。而李期在基层官员中的影响力也是其能最终得以政变成功、继承皇位的重要因素之一。

李期虽然即位，但其帝位得自政变，故并不为众人认可。李始即向李寿提议，准备一起进攻李期，李寿不敢发动。李始见状大怒，转而向李期进谗言，污蔑李寿。但因李玝此时率兵在外叛乱，李期准备借重李寿的军事能力讨伐李玝，于是派遣李寿率兵前往涪城讨伐李玝。李寿并未直接发兵，而是以书信告知李玝去留之间的利害关系，迫使李玝弃城投奔东晋。此后，李玝在东晋历任巴郡、襄阳、宜都太守，所在仍不离荆益之地，最终死于永和三年（347）。解决李玝问题后，李期即以李寿为梁州刺史、东羌校尉，统领北边事务。

玉恒元年（335）正月，李期大赦境内，改元玉

115

恒，并立妻子阎氏为皇后。

在内部，李期对大成国职官体系进行了一系列调整，玉衡二十四年十月，以李越为相国、大将军、建宁王，与李寿共同录尚书事；加封李寿大都督、中护军，改封汉王，食梁州五郡；以李霸为中领军、镇南大将军，李保为镇西大将军、西夷校尉、汶山太守，李始为征东大将军，代李越镇江阳。玉恒元年正月，李期又以卫将军尹奉为右丞相、骠骑将军，尚书令王瓌为司徒。[1]秋，又以司隶校尉景骞为尚书令，征南将军费黑为司隶校尉，戾太子李班之舅罗演为仆射。

九月，罗演与汉王（李寿）相上官澹谋杀李期，另立李班之子李幽。但事情被李期发觉，李期杀罗演、上官澹及李班之母罗氏、李玱之子、李稚之妻昝氏

---

1 此处各人官职各书标点有异，《晋书·李期载记》标点为："以其卫将军尹奉为右丞相、骠骑将军、尚书令，王瓌为司徒。"（第3042页）《资治通鉴》卷95则标点为："以卫将军尹奉为右丞相，骠骑将军、尚书令王瓌为司徒。"（第3000页）从此前各人官职情况来看，王瓌确实出任尚书令，但无骠骑将军等军职经历；尹奉以卫将军出任右丞相、骠骑将军也更为合理。

等人。

李期见内外形势逐渐稳定，于是自以为得志，对李雄旧臣十分轻视，只信任尚书令景骞、尚书姚华、田褒，中常侍许涪等亲近之人，国家政治、司法均交由几人决断，而不再通过其他公卿人物，大成国由此纲纪紊乱，鼎盛形势开始衰落。但李期并没有停止在内部的诛杀，反而对各旧臣猜忌日甚。玉恒二年（336）十月，李期因顾忌侄子尚书仆射、武陵公李载才能出色，于是污蔑李载谋反，下狱杀之。此外，李雄之子李霸、李保也因病暴毙，均被怀疑是李期所为。李期的一系列诛杀行为导致大臣各个心怀疑惧，骨肉亲情均无法顾及。

相对于内部频繁的调整，李期朝在对外发展上并无太多建树。仅见有玉恒二年十一月，因东晋建威将军司马勋屯兵汉中，李期派遣汉王李寿北上攻陷汉中，并置汉中守宰，在南郑屯兵戍守。同年十月，东晋广州刺史邓岳派遣督护王随击夜郎、新昌太守陶协击兴古，自大成国夺取二郡。

李期虽然缺乏向外扩展的野心，但在内则日益骄奢淫逸，又对大臣多有诛杀，借此将死者财物、妇女纳入后宫。有进谏者则降罪处罚，导致内外大臣人人自危，道路以目。当时又有"天雨大鱼于宫中，其色黄。又宫中豕犬交"的异象，可知形势动荡不稳、人心思变之势。在李期恐怖统治中最为紧张的就是李寿。李寿作为李雄遗诏的辅政大臣，身份尊贵，并且威名远播，尤其为李期、建宁王李越、景骞等忌惮。李寿见李期、李越等兄弟十余人均值壮年，多手握强兵，李期又在内部对旧臣多有诛杀，于是深感忧虑。本来李寿屯兵于涪城，依制度每年应入朝朝觐，但李寿害怕入朝为李期所害，于是每次当入朝之时，便伪造汉中守将张才的告急文书，声称有外寇入侵，以此为托词避免前往成都。

为了寻找出路，李寿又四处寻找有名谋士以获取安身立命之法。巴西处士龚壮父亲和叔父均死于李特之乱，龚壮时刻准备复仇，数年不除丧服。李寿听闻龚壮有才略，于是数次以礼征辟，龚壮不准备跟从李寿，但又害怕激怒李寿，于是多次前往李寿处为其出谋划策。当时正巧有"岷山崩，江水竭"的现象，李寿对此十分嫌恶，暗中询问龚壮如何能够自安。龚壮也准备借李寿之手报仇，于是给李寿谋划曰：

> 立事何如舍小从大，以危易安。开国裂土，长为诸侯。名高桓文，勋流百代矣。[1]
>
> 巴、蜀之民本皆晋臣，节下若能发兵西取成都，称藩于晋，谁不争为节下奋臂前驱者！如此则福流子孙，名垂不朽，岂徒脱今日之祸而已！[2]

指出李寿应该自立，甚至寻求东晋的帮助。龚壮的目的在于诱导李寿与李期冲突，甚至两败俱伤，借此复仇。李寿则对此计策深为满意，于是暗中又与长史罗恒、解思明谋划进攻成都、向晋称藩。

但李寿的行动逐渐被李期听闻，李期与李越、景骞、田褒、姚华等谋划袭击李寿，先发制人，数次派遣许涪前往李寿处探听动静，又鸩杀李寿之弟安北将

---

1 《华阳国志》卷9《李特雄期寿势志》，第500页。
2 （宋）司马光：《资治通鉴》卷96，第3016~3017页。

军李攸¹，双方矛盾日渐激化。李寿伪造妹夫任调书信，声称李期要取李寿，李寿部众信以为真，反对李期的士气高涨。李寿于是率领步骑兵万余人，以李奕为前锋从涪城进袭成都，又声言诛杀奸臣李越、景骞，并答应部众在破城之时可以劫掠城中财物，以激励士气。

李期对于李寿起兵还没有充分的准备，而且李寿之子翊军校尉李势正在成都，开城门接纳李寿军，李寿因此不战而得成都，屯兵于宫门。李越请求李期拿出宫中财物招募百姓与李寿作战，但李期仍对李寿有所幻想，认为李寿不会刻薄自己，没有采纳李越的意见，反而遣侍中犒劳李寿。李寿上奏相国、建宁王李越，尚书令、河南公景骞，尚书田褒（一作田衮）²、姚华，中常侍许涪，征西将军李遐，将军李西等奸臣乱政，请将诸人收而杀之。另一边，李寿又假造太后任

<hr />

1 《资治通鉴》卷96、《晋书·李寿载记》均记为李期鸩杀李攸，《华阳国志·李特雄期寿势志》则记为李攸从成都病还涪城，不幸死于道中，李寿谎称李攸为李越用药毒杀。
2 《资治通鉴》卷96、《晋书·李期载记》均作"田褒"，《太平御览·偏霸七·李期》则作"田衮"。

氏诏令，废李期为邛都县公，幽禁于别宫。李期无奈叹息曰"天下主乃当为小县公，不如死也"，于五月自杀。李寿又杀李期、李始等兄弟十余人，以绝后患，至此李雄之子均为李寿所杀。李寿另上李期谥号为幽公，并以王礼安葬，又追改废太子李班谥号为哀皇帝。同时李寿也话复前言，放纵手下士兵掳掠，乃至有士兵奸掠至李雄之女、李氏诸妇女，而且多所残害，成都内乱数天才定下来。

政变成功后，李寿开始面对如何自处及大成未来走向等问题，罗恒、解思明、李奕、王利等人均劝李寿依照此前谋划，降号改称镇西将军、益州牧、成都王，以龚壮为长史，称藩于东晋，送邛都公李期到建康（今江苏南京市）。另一边，任调、司马蔡兴、侍中李艳以及张烈等则劝李寿称帝。李寿想称帝，但又犹豫，于是命人以卜筮来决定。占者算出李寿能够当数年天子，任调大喜说："一日尚为足，而况数年乎！"解思明仍坚持己见，认为当数年天子怎么能和当"百世诸侯"相比，双方争执不休。李寿本意已经倾向于称帝了，此时即以任调之言为上策，于南郊即皇帝位，以自己出身汉王而改国号为汉[1]，改元汉兴。又以董皎为相国，罗恒、马当为股肱，李奕、任调、李闳为爪牙，解思明为谋主。以安车束帛聘龚壮为太师，龚壮拒绝不仕，对李寿所赠财物一无所取，李寿特别允许龚壮缟巾素带居师友之位。

大成国自李雄于304年称成都王，306年称帝建立大成国，历两代三任君主三十余年，至此国号变异，开始了成汉国家发展的新阶段。

1　胡阿祥认为李寿改用汉国号，直接原因当是沿袭他本来的汉王封号，从而显得渊源有自。当然，成国的规模与刘备的汉相仿佛，以及李寿为汉王时有汉中郡地，也与李寿定国号为汉有关，李寿新定的年号"汉兴"也透露了一些这方面的信息，盖国号为汉、年号汉兴，与刘备的汉乃至刘邦的汉攀上了关系，从而使自己实质得自篡夺的政权，蒙上了一层"正统"色彩。《吾国与吾名》，江苏人民出版社，2018，第126页。

汉政权的兴衰

〖 第四章 〗

李氏的汉国由李寿建立，仅有二主和数年国运，其实质仍是大成国的延续，是李氏成汉国家发展的最后阶段。

一　由成到汉与李寿治国

汉国建立者李寿字武考，为李骧之子。其人自幼聪明好学，气量豁达，而且崇尚礼法，与其他李氏子弟有所不同，因此为李雄看重。称帝后，李寿为强化自身帝位、国家的神圣性，改立宗庙，追尊父亲李骧为献皇帝，母亲昝氏为皇太后，汉王妃阎氏为皇后，世子李势为皇太子。以李骧为汉始祖庙，李特、李雄旧庙改为大成庙，下书与李期、李越别族，并对大成国各种制度多有变更。在用人上，除董皎外，李寿以罗恒为尚书令，解思明为广汉太守，任调为镇北将军、

东羌校尉、梁州刺史，总领北方事务，李奕为镇西将
军、西夷校尉；省交州入宁州，以李权为宁州刺史；
等等。史称经过一系列调整后"成都诸李子弟无复秉
兵马形势者，雄时旧臣及六郡人皆斥废也"[1]，"公、卿、
州、郡，悉用其僚佐代之"，在权力结构中完成了从
六郡流民集团向李寿梁州府属系统的过渡。

汉兴元年（338）七月，因前广汉太守李乾与诸
大臣谋废李寿[2]，李寿使儿子李广与诸大臣于前殿结
盟，约为兄弟，又将李乾改任汉嘉太守。另以李闳为
征东将军、荆州刺史，镇守巴郡（今四川南充市北）。
这一阶段蜀地又出现暴风雨，到了八月，宫殿端门受
损，禾苗损伤导致百姓饥疫困苦，等等。这些天灾使
李寿十分忧惧，于是命大臣上奏得失。龚壮趁机上
奏道：

---

1 《华阳国志》卷9《李特雄期寿势志》，第500页。
2 按：《资治通鉴》卷96作"汉李奕从兄广汉太守乾告大臣谋废
立"（第3023页），《华阳国志·李特雄期寿势志》《晋书·李寿
载记》则作李乾与大臣合谋废李寿。此处依任乃强注《华阳国志》
卷9《李特雄期寿势志》，第505页注⑩考证。

臣闻阴德必有阳报。故于公理狱，高门待封。伏惟献皇帝宽仁厚惠，宥罪甚众。灵德洪洽，诞钟陛下。陛下天性忠笃，受遗建节，志齐周、霍，诚贯神明。而志绪违理，颠覆顾命。管蔡既兴，谗谀滋蔓。大义灭亲，拨乱济危。上指星辰，昭告天地，歃血盟众，举国称藩。天应人悦，白鱼登舟，霆震助威，烈风顺义。神诚允畅，日月光明。而论者未喻，权时定制。淫雨氾溃，垂向百日，禾稼伤损。加之饥疫，百姓愁望。或者天以监示陛下。又前日之举，止以救祸。陛下至心，本无大图。而今久不变，天下之人，谁复分明知陛下本心者哉！且玄宫之谶难知，而盟誓顾违，一旦疆场有急，内外骚动。不可不深思长久之策，永为子孙之计也。愚谓宜遵前盟誓，结援吴会，以亲天子。彼必崇重，封国历世。虽降阶一等，永为灵德。宗庙相承，福祚无穷。君臣铭勋于上，生民宁息于下，通天下之高理，弘信慎之美义，垂拱南面，歌诗兴礼，上与彭、韦争美，下与齐、晋抗德，岂不休哉！论者或言："二州人附晋必荣，六郡人事之不便。"昔豫州入蜀，荆、楚人贵。公孙述时，流民康济。及汉征蜀，残民太半。钟邓之役，放兵大掠，谁复别楚、蜀者乎！论者或不达安固之基，惜其名位。在昔诸侯，自有卿相、司徒、司空，宋、鲁皆然。及汉，藩王亦有丞相。今义归彼，但当崇重，岂当减削？昔刘氏郡守令长方仕州郡者，国亡主易故也。今日义举，主荣臣赖，宁可同日而论也？论者又谓，臣当为法正。陛下覆臣如天，养臣如地，恣臣所安。至于名荣，汉、晋不处，臣复何为当伴法正？论者或言：晋家必责质任，及征兵伐胡，何以应之？案晋不烦尺兵，一国来附，威卷四海，广地万里，何任之责？胡之在北，亦此之忧。今平居有东北之虞，纵令征兵，但援汉川，犹差二门耳。臣托附深重，忘疲病之秽。实感殊遇，冀以微言少补明时。常惧殒殁，不写愚心，辜负恩顾。谨进悾悾，伏愿罪戮。[1]

---

1 《华阳国志》卷9《李特雄期寿势志》，第501页。另，全文注解可参见任乃强同书第505~506页注 ⑪。

龚壮上书仍是以附晋为说辞，将不好的天象归结于此，想推动李寿话复前言尊崇晋室，这也代表了汉国政权内部很大一部分人的主张。李寿自然不肯同意，对龚壮之言十分不悦，但此前有让大臣极言进谏而不加罪的承诺，龚壮又有较为特殊的政治地位，因此没有进一步深究，只将龚壮上奏密藏不宣。

九月，仆射任颜谋反被杀，任颜为李雄任太后之弟。李寿于是将李雄子李豹等悉数杀死，以杜绝诸大臣以李雄诸子为谋反借口的可能。

汉兴二年二月，东晋进兵攻打巴郡。荆州刺史李闳最初曾与李寿约定，将牛鞞（今四川简阳市西北）以东土地分予李闳，但李寿内部罗恒、解思明等人[1]认为不可行，于是没有遵守约定。此时东晋进兵，李寿便想借东晋之手除掉李闳，并没有出兵救援，李闳因此被俘，这一事件导致李闳之弟李艳与朝中大臣产生矛盾。三月，李寿改以李奕为镇东将军，代替李

---

1 据任乃强《华阳国志》卷9《李特雄期寿势志》，第506页注⑮考证。

闳。东晋广州刺史邓岳又率兵进攻汉国宁州，建宁太守孟彦执宁州刺史霍彪投降，李寿遣右将军李位都率兵讨伐。汉国在东部、南部均开始受到东晋打击，疆域陷入收缩的境地。同年秋，因尚书李摅祖李毅曾为晋宁州刺史，在南中人中较有恩信，于是以李摅为御史，入南中安抚人心。九月，李寿生病，罗恒、解思明等再次劝说李寿尊奉晋室。但巴郡刚刚被破，李寿认为此时依附东晋，东晋必然会就势进兵，于局势不利，因此没有听从。李演又自越巂（今四川西昌市东南）上书，劝说李寿降号称王，李寿大怒，诛杀李演，以此来威慑主张降晋一派的龚壮、罗恒、解思明等人。到十二月，李奕率兵进攻巴东，击斩守将劳杨。

李寿称帝后逐渐改变了以往谦恭的姿态，自比汉武帝、魏明帝，而对父兄等当年的流民所为深感耻辱，命令上书之人不得提及先世所作所为，认为自己早已超迈先辈。舍人杜袭作诗十篇[1]，托言为曹魏应璩所写，

---

1 《资治通鉴》卷96作"舍人杜袭作诗十篇"（第3035页），《晋书·李寿载记》作"（龚）壮作诗七篇"（第3046页）。

献于李寿加以讽谏。但李寿十分不屑，曰："省诗知意。若今人所作，贤哲之话言也。古人所作，死鬼之常辞耳！"[1]

汉兴三年三月，李位都等人入宁州攻拔丹川（今云南曲靖市附近），守将孟彦、刘齐、李秋战死。又遣李奕征牂柯，因太守谢恕保城据守，一时无法攻克，最终粮尽退兵。[2]

另一边，李闳自东晋逃往后赵，李寿听闻后即派遣散骑常侍王嘏、中常侍王广出使后赵，向石虎讨要李闳。[3]但李寿书信中称石虎为"赵王石君"，贬低石虎身份，使石虎大怒，将此事交由群臣商议对策。中书监王波提议：让李闳发死誓，回到成都会纠结宗族，归顺后赵，这样可以不用劳动军队而平定益、梁二州；即使李闳不守誓言，也不过少了一个亡命之人而已；

1 （唐）房玄龄：《晋书》卷 121《李寿载记》，第 3046 页。

2 此事时间据任乃强《华阳国志》卷 9《李特雄期寿势志》，第 508 页注 ㉒ 考证。

3 任乃强考证认为李寿与石虎两方之连横关系在咸康五年（339）夏秋之交即已建立。参见《华阳国志》卷 9《李特雄期寿势志》，第 507 页注 ⑳。

对于与李寿的交往，因为李寿已经称帝，如果对其下
诏书，李寿也一定会以诏书往返，不如仍以书信与之。
此时又有挹娄国向后赵献楛矢石砮，王波又建议将楛
矢石砮一起送到汉国，使李寿了解后赵威服远方之功。
石虎听从了王波的建议，遣送李闳回归成都。[1] 李寿见
到后赵所送楛矢石砮，为了扩大自己的声势，将其称
为"羯使来庭，贡其楛矢"，石虎听闻大怒，但又无
计可施，只能罢黜王波。李寿见后赵书信提到想与汉
国连兵进攻东晋、平分天下，于是下书宣称："吴会遗
烬，久逋天诛，今将大兴百万，躬行天罚。"[2] 命令境
内大修战船，兵士戒严，修缮甲胄，准备粮草，以尚
书令马当为六军都督，假节钺，营建东阁兵场，阅兵
七万余人，命士兵乘船沿江而上通过成都，李寿登城
观望检阅，准备讨伐东晋。但大臣均加以劝解，认为
汉国国家弱小、百姓稀少，而且东晋险远，难以取得

---

[1] 《晋书》卷106《石季龙载记上》记大约此时有"李寿以建宁、
上庸、汉固、巴徼、梓潼五郡降于季龙"（第2776页）一事，推
测可能即为此事，为两国史官"各为其主"的言说而已。

[2] （宋）李昉：《太平御览》卷123《偏霸部七·李寿》。

胜利。解思明等近臣又不断加以劝谏，李寿无奈之下命令群臣讨论此事的利弊。龚壮进谏曰：

> 陛下与胡通，孰如与晋通？胡，豺狼国也。晋既灭，不得不北面事之。若与之争天下，则强弱势异。此虞虢之成范，已然之明戒，愿陛下熟虑之。[1]

大臣均附和龚壮的意见，李寿只得同意。

十月，李寿宴礼于太学，并将举明经者加封为好学侯。

汉兴四年十二月，李寿以太子李势领大将军、录尚书事执掌朝政，逐渐将国家权力交给太子。

而自从李闳、王嘏等从后赵返回后，李寿得到了几人对后赵国势强盛、宫殿美丽、邺城丰实的描述，又听闻石虎用刑酷虐、王逊以杀伐控制下属，两人都能严控国家等事情，对此十分向往，逐渐改变了李雄

---

1 （唐）房玄龄：《晋书》卷121《李寿载记》，第3045页。

以来宽俭治国的政策，转而以威刑统治，属下有较小过错则杀之以立威。又感觉成都附近城邑空虚，于是迁徙周边郡县户三丁以上家庭以充实成都；为充实工匠器械，又兴建尚方御府，并将州郡有工巧之人征发充实尚方。又大肆修建宫殿，扩大太学规模，建宴殿，引水入城，所作所为都务求奢靡。汉国本为区域小国，在如此穷奢极欲之下迅速陷入困境，百姓疲于应对赋役，图谋作乱者十之八九。左仆射蔡兴、右仆射李嶷均因直言劝谏被杀。汉国开始走上加速衰落的道路。

汉兴六年，李寿将宁州兴古（今云南红河哈尼族彝族自治州弥勒市南）、永昌（今云南耿马傣族佤族自治县境）、云南（今云南大理白族自治州宾川县）、朱提（今云南昭通市）、越嶲、河阳（今云南大理市北）六郡分为汉州，以强化在南中的统治。四月，李寿病重，不断看见李期、蔡兴等已死之人为祟。此时东晋益州刺史周抚、西阳太守曹据出兵击败汉将李恒，攻占江阳。八月，李寿卒，谥号昭文，庙号中宗，葬于成都安昌陵。李势即位，大赦境内。

二 汉政权的衰亡

李势是成汉国家的最后一任君主，其未即位之时有着较好的声望，但在执政期间未见有太多作为。这应有三方面的原因：一是李势生逢末世，已无力扶大厦于将倾；二是经过李寿的政治洗牌之后，汉国统治集团已经由六郡流民变为李寿梁州府属，而梁州府属集团与李寿之间是以旧君臣关系为核心纽带的，远不如六郡流民依靠血缘、亲缘、乡里、君臣等复杂的、多重的关系凝结起来的状态稳固，当李寿在世时尚且能够平衡这一关系，李势则无力做到这一点，因此即位后必然事事掣肘，从政治形势走向来说也难以有大的作为；三是李势即位后施政转变，开始走向骄奢淫逸之路。

李势，字子仁，为李寿长子。其母李氏为李凤之女，李骧杀李凤后即以凤女妻李寿。李势容貌出众，身长七尺九寸，腰带十四围，因此深为李期喜爱，拜翊军将军，封汉王世子。李势其人善于待人接物，周围人对其深为奇异，这成为其继位的资本。

334年初，李势即位，改元太和。正月，尊阎氏为皇太后，妻子李氏为皇后。四月，太史令韩皓上奏"荧惑守心"天象，并将之解释为宗庙不修的征兆。李势命群臣商议对策，相国董皎、侍中王嘏等认为景武帝李特、成武帝李雄开创帝业，献皇帝李骧、文皇帝李寿继承基业，二者为至亲关系，不应该疏远隔绝。李势于是命祭祀大成国始祖李特、太宗李雄宗庙，并皆改为汉祀。但李势在生活上骄奢淫逸，爱财好色，经常杀人娶其妻子；在政事上不理国政，长居禁中不接待公卿大臣，对于父亲、祖父时期的臣僚疏远顾忌，只信任左右近臣小人，导致政事经于小人之手。又在司法上刑罚酷滥，加之性格多猜忌，多有诛杀，使大臣人人自危，内外离心。史官多次以灾异劝谏，史书载其各种诡异之事，如："涪陵民乐氏妇头上生角，长二寸，凡三截之。又有民马氏妇，妊身，而胁下生，其母无恙，儿亦长育。有马生驹一头，二身相著，六耳，一牡一牝。又有天雨血于江南，数亩许。李汉家舂米，自臼中跳出。遽敛于箕中，又跳出。写于簟中，又跳出。有猿居鸟巢，至城下。地仍震，又连生毛。"[1] 李势也并没有收敛行迹，反而加相国董皎为太师，以贵臣分担灾异。太和元年（344）九月，东晋巴东太守杨谦击走李势将申阳，俘获乐高。二年十二月，汉将爨颁投奔东晋。汉国开始在外部陷入日益不利的境地。与此同时，其内部也出现了问题。

太和二年八月，大将军李广见李势无子，于是请求李势封自己为皇太弟，李势不许。马当、解思明等劝说李势答应，因为李势本身兄弟不多，如果不答应此事而引发冲突，最终会导致李势人单势孤。李势见状转而怀疑马当、解思明等与李广暗中有阴谋，于是收斩马当、解思明，并诛杀三族。又派太保李奕率兵进攻李广于涪城（今四川绵阳市东），并贬李广为临邛侯，李广被迫自杀。马当、解思明二人在汉国颇有人望，解思明深有智谋，敢于诤谏，马当很得人心，二人之死使士民百姓深为哀伤，也导致汉国此后再无遵循纲纪、敢于诤谏之臣了。一如解思明死前感叹："国

---

1 《华阳国志》卷9《李特雄期寿势志》，第516页。

之不亡，以我数人在也，今其殆矣！"[1] 太和三年冬，太保李奕自晋寿（今四川广元市西南）起兵反叛，蜀中之人多追随李奕，使其兵力达到数万人，并逼近成都。李势登城亲自督战，李奕率兵攻城，单骑突门，被守门者射杀，兵众溃散。李势平息李奕之乱后，即大赦境内，改元嘉宁。

内外动荡使汉国对国家的控制力减弱，四面山中的僚人大量散出，自巴西至犍为、梓潼，布满山谷，十余万落，不可禁制。[2] 僚人肆意行动成为巴蜀百姓的祸患，又赶上连年饥荒，汉国境内陷入萧条。

太和三年冬，东晋安西将军、荆州刺史桓温准备出兵伐汉，将佐僚属均认为不可。只有江夏相袁乔赞同曰：

夫经略大事，固非常情所及，智者了于胸中，

1　《华阳国志》卷 9《李特雄期寿势志》，第 509 页。
2　巴蜀地区僚人较为复杂，相关研究可参见高然、杨鑫《建国以来的巴蜀僚人研究》，《西华师范大学学报》（哲学社会科学版）2016 年第 6 期。

不必待众言皆合也。今为天下之患者，胡、蜀二
寇而已，蜀虽险固，比胡为弱，将欲除之，宜先其
易者。李势无道，臣民不附，且恃其险远，不修战
备。宜以精卒万人轻赍疾趋，比其觉之，我已出其
险要，可一战擒也。蜀地富饶，户口繁庶，诸葛武
侯用之抗衡中夏，若得而有之，国家之大利也。论
者恐大军既西，胡必窥觎，此似是而非。胡闻我万
里远征，以为内有重备，必不敢动；纵有侵轶，缘
江诸军足以拒守，必无忧也。[1]

从袁乔所言可以看到，东晋对汉国的内部形势十分了
解，故能指出其"李势无道，臣民不附，且恃其险
远，不修战备"等问题所在。桓温对袁乔的判断十分
满意，而且急需胜利来提高威望。此外，益州地区对
东晋来说也具有极其重要的战略意义，益州号称"天
府之国"，得之能巩固东晋北伐的后方，又能增强国
力。伐蜀也是桓温实施后来北伐战略的必要步骤，是

---

1 （宋）司马光:《资治通鉴》卷97，第3073页。

其北伐整体战略的组成部分。[1] 在这些因素推动下，这
年十一月，桓温率益州刺史周抚，南郡太守、谯王司
马无忌讨伐汉国，加周抚都督梁州四郡诸军事，并以
袁乔率兵两千为前锋。

太和四年二月，桓温兵到青衣（今四川乐山市）[2]，
李势征发大兵，派遣右卫将军李福、镇南将军李权、
前将军昝坚等率军自山阳（今四川成都市双流区东南）
前往合水（今四川眉山市彭山区东北）。诸将认为桓
温应从步道而上，在江南设伏兵以待晋军，昝坚不从，
于是引兵自江北鸳鸯碛渡江向犍为（今四川眉山市彭
山区东）进军。三月，桓温兵到彭模（今四川眉山市
彭山区东北），众人商议想分兵两路，以此分解汉国
兵势。袁乔则建议：如今孤军深入数万里，如果胜则
大功告成，如果不胜则死无葬身之地，因此现在应该
合并兵力，争取一战全胜，如果兵分两路，只要其中

1　桓温北伐动机参见金仁义《桓温伐成汉考述》，《安庆师范学院
学报》（社会科学版）2008 年第 1 期。
2　任乃强对此地名有所考证，可参看《华阳国志》卷 9《李特雄
期寿势志》，第 512~513 页注⑥。

一支失败，则必然大势去矣，目前不如全军前进，丢弃各种辎重，只带三天粮食，以坚定破釜沉舟之心，一定能够取胜。桓温听从了袁乔建议，命参军孙盛、周楚率领老弱看守辎重，亲自率领步兵直奔成都。汉右卫将军李福进攻彭模，但被孙盛击退。桓温进军与李权军相遇，桓温三战三捷，汉散兵逃归成都，镇军将军李位都投降东晋，桓温顺势进兵直驱成都。昝坚兵到犍为才发现桓温已经改换道路，于是急忙带兵自沙头津（今四川眉山市彭山区北）渡江返回，将至成都之时桓温军已到达成都十里陌（今四川成都市南），昝坚部众不战自溃。

三月，李势全军出城与桓温战于笮桥，桓温前锋作战不利，参军龚护战死，飞矢射向桓温马头，形势一时对东晋军不利，众人惊惧欲退，但此时负责击鼓的鼓吏误击进军鼓，袁乔趁机拔剑督战，使东晋军反败为胜。桓温乘胜进军到达成都城下，纵火烧成都城门，使城中人心惶惶，无有斗志。汉国中书监王嘏、散骑常侍常璩劝李势出降，李势以此询问侍中冯孚，冯孚提到当年吴汉征伐蜀地、杀尽公孙氏之事，又提到如今东晋下书称只有李氏一族不赦，因此即便请降也一定不得善终。李势只好趁夜开东门，与昝坚等出逃至晋寿，最终在走投无路之下派散骑常侍王幼向桓温献降文，其文曰：

> 伪嘉宁二年三月十七日，略阳李势叩头死罪。伏惟大将军节下，先人播流，恃险因衅，窃自汶蜀。势以暗弱，复统末绪，偷安荏苒，未能改图。猥烦朱轩，践冒险阻。将士狂愚，干犯天威。仰惭俯愧，精魂飞散，甘受斧锧，以衅军鼓。伏惟大晋，天网恢弘，泽及四海，恩过阳日。逼迫仓卒，自投草野。即日到白水城，谨遣私署散骑常侍王幼奉笺以闻，并敕州郡投戈释杖。穷池之鱼，待命漏刻。[1]

自己则面缚舆榇至桓温军门投降。桓温将李势、李福、李权等李氏亲族十余人送于建康，东晋封李势为归义

---

[1]（唐）房玄龄：《晋书》卷121《李势载记》，第3048页。

侯。此后，李势于东晋升平五年（361）卒于建康。面对蜀中形势，桓温引汉国司空谯献之等为参佐，并拔举贤良，表彰仁善，以安抚蜀人。

虽然李氏成汉政权至此结束，但此后蜀地仍有动荡。如桓温刚刚平定汉国，即有汉尚书仆射王誓、镇东将军邓定、平南将军王润、将军隗文等举兵叛乱，每人聚兵众万余人。桓温亲自率兵讨伐邓定，命令袁乔率兵讨伐隗文，均击破之。又命益州刺史周抚镇守彭模，讨斩王誓、王润。桓温在成都停留三十天后，还兵江陵（今湖北荆州市荆州区）。同年四月，邓定、隗文再次率兵入据成都，征虏将军杨谦弃涪城，退保德阳（今四川遂宁市东南）。七月，隗文、邓定等立范长生之子范贲为帝，又尊奉范长生，以道术招徕民众，蜀人多追随之。但其政权发展情况不明，应该只局限于成都周边地区而已。到东晋永和五年（349）四月，范贲为东晋益州刺史周抚等人击斩，益州暂时平复。[1]

1　此后益州又多有叛乱，其中不乏援引成汉李氏旗号者。而巴蜀动荡，终晋之世不曾宁息。参见任乃强注《华阳国志》卷9《李特雄期寿势志》，第515~516页注⑬。

成汉政治

〖 第五章 〗

李氏成汉政权虽然有成、汉两国，但其制度体系、政治发展一脉相承，故可一并加以叙述。

一　政治制度

1. 中央行政职官系统

　　成汉政治制度从纵向上看分为两个阶段，即建国前的地方军事职官体系和建国后的魏晋中原王朝职官体系。虽然分为两个不同的体系，但只是在层级复杂程度上有所区别，从整体上来看都属于魏晋中原王朝职官系统。[1]

1　如〔日〕三崎良章提到："成汉引入了包括设置丞相以下的百官、采用郡县制（在郡以下设置县的地方行政制度）等汉族的统治体制。"《五胡十六国——中国史上的民族大迁徙》，商务印书馆，2019，第66页。

　　李氏兄弟作为六郡流民集团的首领，最初职官接受自赵廞、罗尚，以及西晋中央政府，如李庠最初自赵廞处获得部曲督的职位，但此为私兵首领性质。此后赵廞自立大都督、大将军、益州牧，以李庠为威寇将军，封阳泉亭侯。其中，威寇将军为曹魏所置四十号将军之一，第五品，亭侯亦为第五品。[1]李庠死后，赵廞仍以李特、李流为督将，此督将具体情况不明。罗尚出掌益州后，以李骧为骑督，骑督为督骑兵之职，西晋时位居牙门将之下，也是第五品。[2]此后，西晋加李特为宣威将军、长乐乡侯，李流为奋武将军、武阳侯。其中，宣威将军为曹魏置杂号将军，第五品，乡侯为第四品；奋武将军为第四品武官，武阳为县侯，第三品。[3]属官则见有李特击败赵廞之后派遣牙门王角、

1　（南朝·梁）沈约:《宋书》卷39《百官志上》，第1227页，卷40《百官志下》，中华书局，1974，第1262页。

2　（唐）杜佑:《通典》卷37《职官十九》，中华书局，1988，第1004页。

3　（南朝·梁）沈约:《宋书》卷39《百官志上》，第1226、1227页，卷40《百官志下》，第1261、1262页。

李基往洛阳送信，此牙门应是李特护卫军队。[1] 在此一阶段，李氏集团职官均为中下级武官，封爵也与其品级相对应。

六郡流民起兵后，推举李特为镇北将军，李流为镇东将军、东督护。此后，李特自称使持节、大都督、镇北大将军，承制封拜以李辅为骠骑将军、李骧为骁骑将军、李始为武威将军、李荡为镇军将军、李雄为前将军、李含为西夷校尉，虽然各人在品级上有所提升，但均仍属武官系统。直到李特自称大将军、益州牧、大都督，都督梁益二州诸军事，并建号建初，这时在军职之外才开始构建了行政职官体系。但一方面自封职官仍为地方官建置，另一方面也表现出较为混乱的情况[2]，说明流民集团对自身未来发展的认知不清。此后这一系列官职为李流、李雄相继继承。

建兴元年（304）李雄称帝以后，成汉国家中央职

1　牙门有牙门将简称、护卫军队等含义，但牙门将为魏晋第五品武官，李特本身仅为不知品级的督将，故此牙门为其护卫军队的可能性较大。

2　如大将军为第一品，持节都督为第二品，刺史州牧为第四品。

官系统基本依照中原王朝职官体系构建，以下对其略
做梳理。

四时八节天地太师 李雄时期有范长生。太
师 李势时期有董皎。"晋初置三上公，以景帝讳师，
故置太宰，以代太师之名。"[1] 范长生四时八节天地太师
一职与普通太师有所不同，更突显其尊贵地位。

太宰 太傅 太保 太宰 李雄时期有李国。太
傅 李雄时期有李骧。太保 李雄时期有李始，李势
时期有李奕。"太宰、太傅、太保，周之三公官也。"[2]

太尉 司徒 司空 太尉 李雄时期有李离、张
宝。司徒 李雄时期有李云、王达，李班时期有何点，
李期时期有王瓌。司空 李雄时期有李璜、赵肃、上
官惇，李势时期有谯献之。"太尉、司徒、司空，并古
官也。自汉历魏，置以为三公。及晋受命，迄江左，
其官相承不替。"[3]

丞相 相国 右丞相 丞相 李雄时期有杨褒、

---

1 （唐）杜佑：《通典》卷 20《职官二》，第 509 页。
2 （唐）房玄龄：《晋书》卷 24《职官志》，第 724 页。
3 （唐）房玄龄：《晋书》卷 24《职官志》，第 725 页。

范长生、范贲。相国　李期时期有李越，李寿时期有董皎。"丞相、相国，并秦官也。晋受魏禅，并不置，自惠帝之后，省置无恒。"[1]右丞相　李期时期有尹奉。左、右丞相自先秦以来即或置或省，大成国时期仅见右丞相。

录尚书事　李雄、李班、李期时期均为李寿，李寿时期为李势。"录尚书……后汉章帝以太傅赵憙、太尉牟融并录尚书事。尚书有录名，盖自憙、融始，亦西京领尚书之任，犹唐虞大麓之职也。……自魏晋以后，亦公卿权重者为之。"[2]

尚书令　李雄时期有阎式，李班时期有王瓌，李期时期有景骞，李寿时期有罗恒、马当。"尚书令，秩千石，假铜印墨绶，冠进贤两梁冠，纳言帻，五时朝服，佩水苍玉，食奉月五十斛。受拜则策命之，以在端右故也。"[3]

仆射　李雄时期有杨褒，李期时期有罗演，李寿时期有任颜。尚书仆射　李期时期有李载，李势时期

1　（唐）房玄龄：《晋书》卷24《职官志》，第724页。

2　（唐）房玄龄：《晋书》卷24《职官志》，第729~730页。

3　（唐）房玄龄：《晋书》卷24《职官志》，第730页。

有王誓。左仆射、右仆射　李寿时期左仆射蔡兴、右仆射李嶷。"仆射，服秩印绶与令同。案汉本置一人，至汉献帝建安四年，以执金吾荣郃为尚书左仆射，仆射分置左右，盖自此始。经魏至晋，迄于江左，省置无恒，置二，则为左右仆射，或不两置，但曰尚书仆射。令阙，则左为省主；若左右并阙，则置尚书仆射以主左事。"[1]

尚书　李雄时期有杨珪，李期时期有姚华、田褒，李寿时期有李摅。此不详具体为令、仆射、列曹尚书、丞、郎何职。

中书监　李势时期有王瑕。"中书监及令，案汉武帝游宴后庭，始使宦者典事尚书，谓之中书谒者，置令、仆射。成帝改中书谒者令曰中谒者令，罢仆射。汉东京省中谒者令，而有中官谒者令，非其职也。魏武帝为魏王，置秘书令，典尚书奏事。文帝黄初初改为中书，置监、令，……监、令盖自此始也。及晋因

1　（唐）房玄龄：《晋书》卷24《职官志》，第730页。

之，并置员一人。"[1]

侍中 李雄时期有杨发、李寿、李玲、范贲，李期时期有李艳，李势时期有冯孚、王嘏。"侍中，案黄帝时风后为侍中，于周为常伯之任，秦取古名置侍中，汉因之。秦汉俱无定员……魏晋以来置四人，别加官者则非数。掌傧赞威仪，大驾出则次直侍中护驾，正直侍中负玺陪乘，不带剑，余皆骑从。御登殿，与散骑常侍对扶，侍中居左，常侍居右。备切问近对，拾遗补阙。"[2]

中常侍 **散骑常侍** 中常侍 李期时期有许涪，李寿时期有王广。散骑常侍 李寿时期有王嘏，李势时期有王幼、常璩。"散骑常侍，本秦官也。秦置散骑，又置中常侍，散骑骑从乘舆车后，中常侍得入禁中，皆无员，亦以为加官。汉东京初，省散骑，而中常侍用宦者。魏文帝黄初初，置散骑，合之于中常侍，同掌规谏，不典事，貂珰插右，骑而散从，至晋不改。及元康中，惠

1 （唐）房玄龄:《晋书》卷24《职官志》，第734页。
2 （唐）房玄龄:《晋书》卷24《职官志》，第732~733页。

帝始以宦者董猛为中常侍，后遂止。常为显职。"[1]

廷尉 《华阳国志·后贤志·侯馥传》载李恭"生虏馥，送雄，雄下廷尉"[2]，知成汉有廷尉设置。"廷尉，主刑法狱讼，属官有正、监、评，并有律博士员。"[3]

御史 李寿时期有李摅。此不详具体为何职御史。

太史令 李班时期有韩豹（一作约），李势时期有韩皓。此外，常璩亦曾出任史官。"太史令，一人，丞一人。掌三辰时日祥瑞妖灾，岁终则奏新历。太史，三代旧官，周世掌建邦之六典，正岁年，以序事颁朔于邦国。又有冯相氏，掌天文次序；保章氏，掌天文。今之太史，则并周之太史、冯相、保章三职也。汉西京曰太史令。汉东京有二丞，其一在灵台。"[4]

太子宾友（师友） 李班时期有文夔、董融、王嘏。"晋元康元年，愍怀太子始之东宫，惠帝诏曰：'遹幼蒙，今出止东宫，虽赖师傅群贤之训，其游处左

---

1 （唐）房玄龄：《晋书》卷24《职官志》，第733页。

2 《华阳国志·后贤志·侯馥传》，第663页。

3 （唐）房玄龄：《晋书》卷24《职官志》，第737页。

4 （南朝·梁）沈约：《宋书》卷39《百官志上》，第1229页。

右，宜得正人，能相长益者。……其令五人更往来与太子习数，备宾友也。'其时虽非官，而谓之东宫宾客，皆选文义之士，以侍储皇。"[1]

王　建宁王、汉王李寿，建宁王李越，汉王李广。

公　河南公景骞、武陵公李载。

侯　西山侯范长生。

王国相　李期时期有汉王李寿相上官澹。

长史、司马、舍人　李寿有舍人杜袭，长史罗恒、解思明，司马蔡兴。此处几职于王国、将军府等均有，不详其为王国、将军何府官。

此外，李寿为征东将军时有宾客谯秀，应为幕僚性质，非官员。

而其各职官职能、班序、考课、升转等最初也多有问题。史载：

雄时建国草创，素无法式，诸将恃恩，各争班位。其尚书令阎式上疏曰："夫为国制法，勋尚

（唐）杜佑：《通典》卷30《职官十二》，第822页。

仍旧。汉晋故事，惟太尉、大司马执兵，太傅、太
保父兄之官，论道之职，司徒、司空掌五教九土之
差。秦置丞相，总领万机。汉武之末，越以大将军
统政。今国业初建，凡百未备，诸公大将班位有
差，降而竞请施置，不与典故相应，宜立制度以为
楷式。"雄从之。[1]

可见其职官体系在李雄称帝后才得以理顺，而其具体
的制度体系应该也是遵从魏晋以来的模式，只是细节
失于记载。然而听从阎式建议加以理顺的职官体系究
竟到何种程度仍颇可疑，因为此后又有"职署委积，
班序无别"的提法，可知成汉国家的职官体系始终较
为混乱。

此外，成汉官员没有俸禄的相关记载，也说明其
职官管理体系的不完备，这也必然会导致吏治和社会
的混乱。

成汉国的选官制度没有明确的记载，只在李雄时

1 （唐）房玄龄：《晋书》卷121《李雄载记》，第3036页。

期有提及相关的一些信息。史载李雄建国之后，因为大力"招致远方"，导致国家经济紧张、用度不足，故此有将领以进献金银珍宝而得官，是因为建国之初有卖官的情况。杨褒曾对此曾有劝谏，李雄采纳了他的建议，但此后的选官情况仍不明晰。又有记载曰："雄虚己好贤，随才授任，命太傅骧养民于内，李凤等招怀于外。"[1]知李雄大量招徕人才，按照其才能加以任免。史书又有李雄一朝"爵位滥溢"的说法，也表现出随意性和泛滥的状况。到了汉国李寿时期，曾有"举明经者封好学侯"[2]之事，但这只是针对特殊才能者的特殊封爵，也不可能作为惯常的职官选拔制度。

总之，成汉国至少在李雄一朝的选官并无一定之规，而是随统治者喜好加以封赏，导致受爵者过多。其他各朝不见明确记载，应该与此相差不远。而从官员人选来看，选官的准则一是才能（已见上述），二是亲戚、功勋之人，尤其以六郡流民集团上层为主，

---

1 （宋）司马光：《资治通鉴》卷89，第2810页。
2 （宋）李昉：《太平御览》卷123《偏霸部七·李寿》。

到李寿时期则变为其梁州旧僚属，具有较为突出的排外属性，具体可参见本书第七章第一节"兴亡原因"所论及附录表。[1]

2. 军事制度

成汉国家的军事职官体系也来自魏晋中原王朝传统，所见军职如下所列。

军师 李雄时期有王达。应为李雄成都王所属军师。

都督中外诸军事 李雄时期有李寿。大都督 李雄、李期时期均为李寿。六军都督 李寿时期有马当。"持节都督，无定员。前汉遣使，始有持节。光武建武

1　刘扬《浅析成汉的汉化》(《宜宾学院学报》2007 年第 5 期)一文认为成汉官吏来源前期即李雄时期以賨人为主，后期以汉人为主。随着更多汉人入仕，更多传统政治思想、制度被介绍引进，体现在用人制度上，选拔标准从最初的武功发展为名望和学识。职官设置上，官名古今汇集、杂乱无章，且缺乏监督机制，对官吏没有考课制度，官吏权力没有受到限制，有官、职不一致，虚实不分，文武不分等特征。所论在职官设置、监督机制、职务等方面与本书大致相同，但其所说官吏来源前期以賨人为主则与本书有所差异，参见后文所论。另可参见刘永兴《氐族汉化窥探——以成汉为中心》(《亚太教育》2016 年第 26 期)。

初，征伐四方，始权时置督军御史，事竟罢。建安中，魏武帝为相，始遣大将军督军。二十一年，征孙权还，夏侯惇督二十六军是也。魏文帝黄初二年，始置都督诸州军事，或领刺史。三年，上军大将军曹真都督中外诸军事，假黄钺，则总统外内诸军矣。明帝太和四年，晋宣帝征蜀，加号大都督。高贵公正元二年，晋文帝都督中外诸军，寻加大都督。晋世则都督诸军为上，监诸军次之，督诸军为下。使持节为上，持节次之，假节为下。"[1]成汉国家并不见持节。

大将军 李雄时期有李寿，李期时期有李越，李寿时期有李势，李势时期有李广。"大将军，古官也。汉武帝置，冠以大司马名，为崇重之职。及汉东京，大将军不常置，为之者皆擅朝权。……及晋受命，犹依其制，位次三司下，后复旧，在三司上。"[2]

中领军 领军将军 中领军 李雄时期有李玱、李期时期有李霸。领军将军 李班时有李都。"中领军

1 （南朝·梁）沈约:《宋书》卷39《百官志上》，第1225页。

2 （唐）房玄龄:《晋书》卷24《职官志》，第725页。

将军，魏官也。汉建安四年，魏武丞相府自置，及拔汉中，以曹休为中领军。文帝践阼，始置领军将军，以曹休为之，主五校、中垒、武卫等三营。武帝初省，使中军将军羊祜统二卫、前、后、左、右、骁卫等营，即领军之任也。怀帝永嘉中，改中军曰中领军。永昌元年，改曰北军中候，寻复为领军。成帝世，复为中候，寻复为领军。"[1]

中护军 李雄、李期时期均为李寿。"护军将军，案本秦护军都尉官也。汉因之，……建安十二年，改护军为中护军，领军为中领军，置长史、司马。魏初，因置护军将军，主武官选，隶领军，晋世则不隶也。元帝永昌元年，省护军，并领军。明帝太宁二年，复置领、护，各领营兵。"[2]

右卫将军 李势时期有李福。"左右卫将军，案文帝初置中卫及卫，武帝受命，分为左右卫。"[3]成汉国家不见左卫将军。

翊军校尉 李期时期有李势。太康元年（280）

1 （唐）房玄龄：《晋书》卷 24《职官志》，第 740 页。

2 （唐）房玄龄：《晋书》卷 24《职官志》，第 740 页。

3 （唐）房玄龄：《晋书》卷 24《职官志》，第 740 页。

"六月丁丑，初置翊军校尉官"。[1] 应与屯骑等五校尉相似。

骠骑将军 李期时期有尹奉。"汉武帝元狩二年，始用霍去病为骠骑将军。定令，令骠骑将军秩禄与大将军等。光武中兴，以景丹为骠骑大将军，位在三公下。明帝初即位，以弟东平王苍有贤才，以为骠骑将军，以王故，位在公上。数年后罢。魏、晋、齐并有之。"[2]

车骑将军 李雄、李班时期为李越。李寿时期有王韬。"汉文帝元年，始用薄昭为车骑将军。……魏车骑为都督，仪与四征同。若不为都督，虽持节属四征者，与前后左右杂号将军同。其或散还，从文官之例，则位次三司。晋宋车骑、卫不复为四征所督。"[3]

卫将军 李班时期有尹奉。"汉文帝始用宋昌为卫将军，位亚三司。……凡骠骑、车骑、卫三将军，皆金印紫绶，武冠绛朝服，佩水苍玉。晋以陆晔为卫

---

1 （唐）房玄龄：《晋书》卷3《武帝纪》，第72页。

2 （唐）杜佑：《通典》卷34《职官十六》，第939页。

3 （唐）杜佑：《通典》卷29《职官十一》，第800~801页。

将军，兼仪同三司，加千兵百骑。东晋以后，尤为要重。"[1]

征东大将军 李期时期有李始。**四征将军** 李雄时期有征东将军李寿、任邵，征北将军李凤、李玝，征南将军李恭、费黑。李班时期有征南将军费黑。李期时期有征西将军李遐。李寿时期有征东将军李闳。"四征将军皆汉魏以来置，加大者始曰方面。征东将军，汉献帝初平三年，以马腾为之，或云以张辽为。征西将军，汉光武建武中，以冯异为大将军。征南将军，汉光武建武二年置，以冯异为之，亦以岑彭为大将军。征北将军，魏明帝太和中置，刘靖为之，许允亦为之。各一人。魏黄初中，位次三公。"[2]

镇西大将军 李期时期有李保。**镇南大将军** 李期时期有李霸。**四镇将军** 李雄时期有镇南将军徐轝、任回。李寿时期有镇北将军任调。李寿时期有镇西将军李奕、镇东将军李奕、镇南将军李权。李势时期有

---

1 （唐）杜佑：《通典》卷29《职官十一》，第801页。

2 （唐）杜佑：《通典》卷29《职官十一》，第802页。

镇东将军邓定、镇南将军李权。“镇东将军，后汉末，魏武帝为之。镇南将军，后汉末，刘表为之。魏张鲁、晋当阳侯杜元凯并为之。镇西将军，后汉刘表为之，魏钟会、邓艾并为之。镇北将军，魏明帝太和中置。刘靖、许允并为之。各一人。宋时四镇与中军为杂号。后魏加大，次尚书令。”[1]

四安将军　李雄时期有安北将军李稚，李期时期有安北将军李攸，李班时期有安东将军李期。“安东将军，后汉陶谦、曹休并为之。安南将军，光武元年，以岑彭为之。晋范阳王虓亦为之。安西将军，后汉末段煨、魏钟会、石鉴并为之。安北将军，晋以郗鉴为之。各一人。后魏亦有。”[2]

平南将军　李势时期有王润。“平南将军，……并汉魏间置。后魏亦有。”[3]

右将军、前将军　李寿时期有右将军李位都，李势时期有前将军昝坚。“左右前后军将军，案魏明帝时

---

1 （唐）杜佑:《通典》卷 29《职官十一》，第 802 页。

2 （唐）杜佑:《通典》卷 29《职官十一》，第 802~803 页。

3 （唐）杜佑:《通典》卷 29《职官十一》，第 803 页。

有左军，则左军魏官也，至晋不改。武帝初又置前军、右军，泰始八年又置后军，是为四军。"[1]

镇军（一作东）将军 李势时期有李位都。"镇军大将军，魏置，文帝以陈群为之。晋则杨骏、胡奋并领镇军将军。"[2]

建威将军 李班时期有李期。

抚军将军 李雄时期有李班。并汉魏以来杂号将军。

平寇将军 李雄时期有李凤。三国时期始置领兵武职。

南蛮校尉 李雄时期有李恭。"南蛮校尉，晋武帝置，治襄阳。"[3]大成国所见为荆州刺史领，镇巴郡（今四川南充市北）。

南夷校尉 李雄时期有任回，李寿时期有李权。"南夷校尉，晋武帝置，治宁州。"[4]成汉南夷校尉亦镇

---

1 （唐）房玄龄:《晋书》卷 24《职官志》，第 740~741 页。

2 （唐）杜佑:《通典》卷 34《职官十六》，第 940 页。

3 （南朝·梁）沈约:《宋书》卷 40《百官志下》，第 1255 页。

4 （南朝·梁）沈约:《宋书》卷 40《百官志下》，第 1255 页。

宁州（治今云南昆明市晋宁区东北）。

西夷校尉 李雄时期有李寿，李期时期有李保，李寿时期有李奕。太康"三年……以蜀多羌夷，置西夷府，以平吴军司张收为校尉，持节统兵"[1]。李保西夷校尉镇汶山（今四川阿坝藏族羌族自治州茂县北），其他各人驻地不详。

东羌校尉 李期时期有李寿，李寿时期有任调。曹魏置护东羌校尉，掌居于秦、雍、梁等州羌人，领兵。西晋称东羌校尉。成汉东羌校尉同为梁州刺史，驻晋寿（今四川广元市西南）。

将军 李雄时期有张宝、乐次、费他、李乾，李期时期有李西，李势时期有隗文，李期时期有李寿将李奕。均不详具体将军号。

参军 司马 参军 李寿时期有以车骑将军王韬为参军。司马 李寿出征宁州时以征南将军费黑为司马。两职具体情况不详。

从军事管理体系来说，成汉国也表现出了极大的

---

1 《华阳国志》卷8《大同志》，第440页。

随意性，史载其国"行军无号令，用兵无部伍。其战，胜不相让，败不相救；攻城破邑，动以虏获为先。故纲纪莫称"[1]。这种情况应该是来自其军事集团保留下来的早期的流寇作战属性，史载李庠行军打仗即"不用麾帜，举矛为行伍，斩部下不用命者三人，部阵肃然"[2]，这应该是六郡流民军的共同军事属性。此后成汉国的军事管理体系应该即来源于此。

成汉兵源应该主要来自六郡流民，其核心则应该来自李特等最初起兵所聚兵众，此后兵源应该有所扩展，军队规模也随着国家发展而不断得到扩充。史书记载赵廞曾命令李庠招集六郡壮勇万余人，也有记载李庠等以四千骑归赵廞，具体数字不详。此后李庠被杀，赵廞仍以李特为督将，以安抚其兵众。西晋永宁元年（301），赵廞派费远、李苾、常俊等屯兵绵竹石亭之时，李特暗中收合兵众七千余人击破之。此七千兵众应该是在原本四千骑兵的基础上再聚集而来的。

1 《华阳国志》卷9《李特雄期寿势志》，第485页。
2 （唐）房玄龄:《晋书》卷120《李特载记》，第3023页。

罗尚入蜀以后，李特在绵竹立大营聚集流民，聚众超过两万人，李流聚众数千人，但其中应该包括老弱病残等非战斗人员。大成国晏平元年（306），李雄出兵攻打汉中时，派出的军队曾达到两万人。汉国汉兴三年（340），李寿曾大阅兵众，准备讨伐东晋，人数有七万余人。这应该是成汉发展以来在国都所能聚集的最高兵力。而史书记载李寿进兵攻打成都之时，率领步骑兵一万，因此大成国在梁州重镇驻兵应该超过一万人。以此推算成汉全国兵力应该超过十万。

在兵役方面，史书记载李雄时期对新依附的人口均给予"复除"的优待，以恢复社会发展，又曾对范长生部曲也给予"复除"，"军征不预"，等等。从这些记载可以了解，大成国至少在李雄朝对六郡流民之外的巴蜀地区普通百姓有一定的兵役征发，但对其细节没有详细的记载。[1]

3. 礼制司法

成汉国的礼制体系最初并不完备，如最初"（李）

1　成汉文武职官亦可参见任艺《成汉国史初探》，硕士学位论文，西北大学，2018。

雄时建国草创，素无法式，诸将恃恩，各争班位。其
尚书令阎式上疏曰：'夫为国制法，勋尚仍旧。汉、晋
故事，惟太尉、大司马执兵，太傅、太保父兄之官，
论道之职，司徒、司空掌五教九土之差。秦置丞相，
总领万机。汉武之末，越以大将军统政。今国业初建，
凡百未备，诸公大将班位有差，降而兢请施置，不
与典故相应，宜立制度以为楷式'"[1]。由此"考汉、晋
故事，立百官制度"[2]。晋越巂太守李钊投降后，李雄
又"待遇甚厚，朝廷仪式，丧纪之礼，皆决于钊"[3]，
应该是依靠李钊对大成国朝廷礼制体系做了一定的构
建。李钊为李毅之子，史载李毅"年二十余，乃诣郡
文学受业，通《诗》、《礼》、训诂。为学主事"，"毅
子钊，世秉儒学，有格望"[4]。因此，李雄应是依靠李钊
家传《诗》《礼》修养来完备大成国的礼制体系的。但
其后的发展仍值得怀疑，随后又有"为国威仪无则，

1　（唐）房玄龄：《晋书》卷121《李雄载记》，第3036页。

2　（宋）司马光：《资治通鉴》卷86，第2721页。

3　（唐）房玄龄：《晋书》卷121《李雄载记》，第3038页。

4　《华阳国志》卷11《后贤志》，第653、654页。

官无秩禄，职署委积，班序无别，君子小人，服章不殊，货贿公行，惩劝不明。行军无号令，用兵无部伍。其战，胜不相让，败不相救；攻城破邑，动以虏获为先，故纲纪莫称"[1]的记载，可知其制度层面的建设一直是不健全的。因此，李雄也应是有事有疑则请教李钊决之，并对相应部分的礼制有所构建，其他则多任其缺失了。究其原因，应该是李氏家族在统治基础十分薄弱的情况下，为了能够平衡李氏家族与六郡大族等的关系而不断调整、妥协，但又缺乏足够的回旋空间。

到了汉国时期，史书记载李寿"凡诸制度，皆有改易"，此事上承李寿改立宗庙，与李期、李越别族之事，因此其所改易制度应该主要指宗庙、丧纪之礼，但汉国礼制的具体细节也不得而知。

在继承制度上，流民集团在李氏家族带领下进入蜀地，最初以第三代的李庠为核心，此后为李特、李流兄弟相继，此后又转回李特一系，由李特第三子李

---

1 《华阳国志》卷9《李特雄期寿势志》，第485页。

雄继任。这一时期的继承法则明显是十分混乱的，如李离曾对李雄说："若功成事济，约与君三年迭为主。"[1]李离为李庠妹婿李含之子，应出身六郡大姓李氏，在此居然可以和李雄以交替担任首领谈条件，可知当时的权力继承制度是十分不完善的，始终留有政治变乱的隐患。又如李流死前提出将统治权交给李雄，其理由是"骁骑高明仁爱，识量多奇，固足以济大事，然前军英武，殆天所相，可共受事于前军，以为成都王也"[2]，由此改变了原来兄终弟及的继承模式，但又没有确立一种制度化的继承模式。其理由则明显带有賨人"敬信巫觋"的色彩，以及对现实权力归属的承认，必然也带来统治权力传承的不确定性。

李雄在选择继承人的时候放弃了自己的众多庶子，转而将帝位传给兄长李荡的儿子李班，对此提出的说法是"本之基业，功由先帝。吾兄嫡统，丕祚所归，恢懿明睿，殆天所命，大事垂克，薨于戎战。班姿性

1　（唐）房玄龄:《晋书》卷120《李流载记》，第3030页。

2　（宋）李昉:《太平御览》卷123《偏霸部七·蜀李流》。

仁孝，好学夙成，必为名器"[1]。但李班在李氏众人把持
军政大权的情况下缺乏平衡各方力量的能力，由此导
致李氏集团出现第一次较大的政治动荡，权力重新回
到李雄一系的李期手中，李荡一系则遭到大规模杀戮。
李期即位之时，又曾有"欲立越为主，越以期雄妻任
氏所养，又多才艺，乃让位于期"[2]之事。

　　而在李期时期，李氏集团内部又发生了第一次较
大分裂。"（李）期自以谋大事既果，轻诸旧臣，……
国之刑政，希复关之卿相，庆赏威刑，皆决数人而已，
于是纲维紊矣。……期多所诛夷，籍没妇女资财以实
后庭，内外凶凶，道路以目，谏者获罪，人怀苟免"[3]，
实际上破坏了李氏家族与六郡大姓之间的利益共同体。
此后很快又再次经历政变，权力核心转到一直不突出
的李骧一系手中，李雄一系又为李寿所杀。

　　李寿以后，李氏集团才真正开始摆脱六郡大姓对

1　（唐）房玄龄：《晋书》卷 121《李雄载记》，第 3038 页。

2　（唐）房玄龄：《晋书》卷 121《李期载记》，第 3042 页。

3　（唐）房玄龄：《晋书》卷 121《李期载记》，第 3042~3043 页。

其政治的影响，并理顺嫡长子继承的制度。[1]

成汉国的司法体系也十分不明确，或者其本身就没有建立起完备的司法程序。最初在流民阶段，有李特与蜀人约法三章，但不载其具体内容，推测可能与汉高祖刘邦所行之约法三章相似。此后到李雄建国，也有"雄性宽厚，简刑约法，甚有名称"[2]的记载，应该较李特的约法三章有所丰富，但应较魏晋的司法体系简约许多，只是不清楚具体情况如何。此外，史书中有李雄朝廷尉存在的记载，知成国应有较为完备的司法机构存在，与魏晋中原王朝大致相似，但其运作细节不详。而且史籍中基本只见有成汉臣僚谋反伏诛的记载，推测成汉国家法律在保持了最根本的维护皇权统治的部分之外，其他则较为简略和随意，多是随事而断。只看其一方面依靠李雄较为清明的管理，而

1 刘扬《浅析成汉的汉化》(《宜宾学院学报》2007 年第 5 期)一文认为成汉皇子继承制度上经历了由养子到嫡长子继承的转变，这是成汉政治汉化的表现，与本书观点有较大差异。另可参见刘永兴《氐族汉化窥探——以成汉为中心》(《亚太教育》2016 年第 26 期)。
2 (唐)房玄龄:《晋书》卷 121《李雄载记》，第 3040 页。

有"狱无滞囚，刑不滥及"的情况，但另一方面又有"货贿公行，惩劝不明"的记载，即足见其混乱。李寿建汉以后，最初"承雄宽俭"，但此后因"闻季龙虐用刑法，王逊亦以杀罚御下，并能控制邦域，寿心欣慕，人有小过，辄杀以立威"[1]，是其刑罚从宽松转向严酷。李势时期则将国事交给亲近小人处理，更加导致"刑罚苛滥"。关于此，应是成汉国家缺乏系统构建司法系统的时间和空间所致。亦有学者认为这是因为流民统治集团还保留着若干朴质的作风，可备一说。[2]

总之，成汉时期政治制度上较为混乱、施政上较为宽和，应有三方面的因素影响。一是李氏集团自身层次较低，多为六郡基层官吏和中小地主，最终也没有富于统治经验的大族加入，因此对国家政治的系统构建很多时候力不从心，导致各方面制度混乱。二是成汉统治集团构成复杂，其权力归属也有前后变化（参见第七章第一节"兴亡原因"部分所论），这就需

1 （唐）房玄龄：《晋书》卷 121《李寿载记》，第 3045 页。

2 参见漆泽邦《试论李特起义和成汉政权》，《西南师范大学学报》（人文社会科学版）1979 年第 2 期。

要反复照顾不同的既得利益集团，如张炜认为李雄在位时期宽和性施政内容是要尽量不去触动将他扶持上宝座的大族的利益，以维持现有局面为安，最终在面对桓温大军时，所依仗的只是昝坚（李寿妻族）、李权（李势从兄）、李福（李寿之弟）三人统帅军队[1]，导致了职官设置和封赏的混乱。三是外部环境复杂，两晋十六国之际征战不断，也使成汉国家没有时间细致经营。

此外，曾维加从统治思想入手，认为李氏政权以道教作为其统治思想纲要，李雄将治理国家大权交到范长生手上，范长生凭借以"道"为本的自然主义方式治理国家。一是治理蜀地时减役宽政，二是治理的国家"为国威仪无则，官无秩禄，职署委积，班序无别，君子小人，服章不殊"，废除封建王朝繁文缛节的朝仪和森严的等级，保持了平等质朴的作风，为老子民本思想的运用。范长生潜心研究《易》，是为了有所

1　张炜:《试论成汉政权灭亡的内部原因》,《河北经贸大学学报》（综合版）2010 年第 3 期。

作为，以易治世。[1] 其文对李氏国家朴素一面来源于道家思想的说法较为有趣，有一定的合理性。但就此说成范长生治国则有夸大之嫌。因李氏本身为道教信徒，故质朴一面应为下层流民属性与宗教属性双重作用。而范长生在成汉政权中的实际作用值得怀疑，具体将在第七章有所申论，在此不赘。

二 疆域与政区

成汉国家疆域与政区均处于一种动态的状态之中，变化较为频繁，而因为史书记载的简略，其大多数政区设置情况不得而知。近年有魏俊杰对成汉疆域、政区做了较为细致的考证研究，可供借鉴。以下结合历史记载和魏俊杰等学者研究将成汉疆域与政区情况分列于此。

1. 司隶部（306~347）（益州 302~306）

见有益州刺史李洪、严柽，司隶校尉景骞、费黑。

1　曾维加:《賨族与道教及大成国的关系探析》,《中南民族大学学报》(人文社会科学版) 2008 年第 1 期。

　　李特于西晋太安元年（302）始称益州牧，领有广汉、梓潼、巴西、德阳四郡。太安二年，蜀、汶山、犍为三郡自西晋属成汉，德阳郡入西晋。大成建兴元年（304），李雄称成都王，益州治成都，分巴西郡置宕渠郡。建兴三年，汉嘉郡自西晋归属成汉，分汉嘉、蜀郡立沈黎、汉原二郡。或于此时改蜀郡为成都尹，改益州为司隶部。以梓潼、巴西、宕渠、广汉四郡别属梁州，司隶部领成都尹、犍为、汶山、汉嘉、汉原、沈黎郡。大成玉衡二十四年（334），越嶲郡自宁州改属益州。汉国汉兴元年（338），越嶲郡改属安州。汉兴五年，越嶲郡还署司隶部。汉兴六年，越嶲郡别属汉州。

　　成都尹（306~347），前身为蜀郡（303~306），治成都（今四川成都市青羊区）。见有蜀郡太守李瑾。大成晏平元年（306）改司隶后，蜀郡太守应变为成都尹。领成都、广都、繁、江原、临邛、郫六县。晏平元年，江原、临邛县别属汉原郡。

　　犍为郡（303~347），治武阳（今四川眉山市彭山区东）。见有犍为太守李溥。领武阳、南安、资中、牛鞞四县。玉衡元年（311）以后增僰道县。

汶山郡（303~347），治汶山（今四川阿坝藏族羌族自治州茂县北）。见有汶山太守李保。领汶山、升迁、都安、广阳、兴乐、平康、蚕陵、广柔八县。

汉嘉郡（306~347），治汉嘉（今四川雅安市名山区北）。见有太守李乾。领汉嘉、徙阳、严道、牦牛四县。后牦牛县改属沈黎郡。

汉原郡（306~347），治汉原（今四川崇州市西北）。晏平元年分蜀郡立，改江原县为汉原县。领汉原、临邛等县。

沈黎郡（306~347），治地不详。晏平元年分汉嘉郡立。领牦牛等县。[1]

越嶲郡（323~347），治邛都（今四川西昌市东南）。玉衡十三年（323）置。领邛都、会无、卑水、定筰、台凳、三缝县。

1　肖迎《成汉统治期间在西南民族地区设置的郡县》（《思想战线》1995年第5期）依汉晋以来汉嘉郡所领县情况认为沈黎郡领城阳（郡治）、兰、牦牛等县；依东晋晋原郡为汉原郡所改，认为汉原郡领江原、临邛、徙阳、汉嘉、晋乐五县。但其中属县多依靠前后其他政权属县推测，成汉是否有所变动不详。

2. 梁州（306~347）

先治晋寿（306~309，今四川广元市昭化区南），后治所不详（309~311），后治涪城（311~347，今四川绵阳市游仙区）

刺史见有李凤、李寿、李玝、任调。

建兴三年（306），置梁州，治晋寿。领有梓潼、巴西、宕渠、广汉四郡。晏平四年（309），梓潼入于晋，治所不可考。晏平五年，巴西郡入于西晋。玉衡元年（311），梓潼、巴西两郡归属大成，治于涪城。玉衡二年，阴平、德阳二郡自西晋归属大成。玉衡四年，汉中自仇池归属大成。玉衡十年，阴平入于仇池，梁州领有梓潼、巴西、宕渠、广汉、德阳、汉中六郡。又曾置汉固、上庸、巴徼三郡，或属于梁州。

梓潼郡（302~309、311~347），治晋寿、涪城。见有太守李离。领涪城、梓潼、汉德、晋寿、白水五县。晏平四年，梓潼郡入西晋，改治涪城；玉衡元年，梓潼郡复归属大成。

巴西郡（302~310、311~347），治阆中（今四川阆中市）。见有太守马脱。领阆中、西充国、南充国、安汉、平州、宕渠、汉昌七县。晏平五年，巴西郡入西晋，玉衡元年，自西晋再归属大成。建兴元年，宕渠、汉昌二县制属宕渠郡。

宕渠郡（304~347），治宕渠（今四川南充市营山县黄渡镇宕渠故城）。领宕渠、汉昌、宣汉三县。

广汉郡（301~347），治雒（今四川广汉市北）。见有太守李超、解思明、李乾。领雒、绵竹、什邡、新都、五城、郪、广汉七县。

德阳郡（302~303、312~347），治德阳（今四川遂宁市船山区东南）。见有太守任臧、骞硕。西晋太安元年（302），李特置德阳郡，领德阳县。李特建初元年（303），德阳郡入西晋。玉衡二年，又自西晋归属大成。

汉中郡（314~347），治南郑（今陕西汉中市汉台区）。玉衡四年置汉中郡，领南郑、蒲池、褒中、沔阳、成固、西乡六县。

汉固郡，上庸郡，巴微郡，此三郡治所不可考。[1]

---

1 此三郡仅见于《晋书·石勒载记下》"蜀梓潼、建平、汉固三郡蛮巴降于勒"（第 2748 页），《晋书·石季龙载记上》"李寿以建宁、上庸、汉固、巴徽、梓潼五郡降于季龙"（第 2776 页）。

阴平郡（312~320），治阴平（今甘肃陇南市文县西北）。玉衡二年置阴平郡，领阴平、平武、甸氐、刚氐四县。

3. 荆州（311~347）

先治江阳（311~338，今四川泸州市江阳区），后治江州（338~347，今重庆市渝中区）

刺史见有李恭、李闳。

玉衡元年，大成置荆州，治江阳，领江阳郡。二年，巴郡自西晋归属大成。四年，涪陵自西晋归属大成，后涪陵又入东晋。十六年，涪陵自东晋归属大成。二十年，巴东、建平郡自东晋归属大成，不久复失。二十四年，改治江州，南广、平夷郡自宁州、交州归属荆州。汉国汉兴二年，巴东郡自东晋归属汉国，后又入东晋。

江阳郡（311~347），治江阳。玉衡元年置江阳郡。领江阳、符、汉安、新乐四县。

巴郡（312~347），治江州。见有太守李玗。玉衡二年置巴郡。领江州、垫江、临江、枳四县。

涪陵郡（314~？，？~326~？，328~347），治涪陵（今重庆市彭水苗族土家族自治县）。玉衡四年置涪陵郡。领涪陵、汉复、汉平、汉葭、万宁五县。

后涪陵郡入东晋。十六年，涪陵郡再次归属大成，后又入东晋。十八年，又自东晋归属大成。

巴东郡（330~？，？~339~？），治鱼复（今重庆市奉节县东）。玉衡二十年置巴东郡。领鱼复、朐䏰、南浦、汉丰四县。后巴东郡入东晋。汉国汉兴二年，又自东晋归属于汉，后又入于东晋。

建平郡（330~？），治巫（今重庆市巫山县）。玉衡二十年，置建平郡。领巫、北井、泰昌、信陵、兴山、建始、秭归、沙渠八县。

4. 宁州（316~347）

治地先不可考（316~333），后治味（333~347，今云南曲靖市麒麟区西）

刺史见有任回、李寿、李权、霍彪。

玉衡二十三年，李雄得宁州，治味。领建宁、晋宁、建都、朱提、牂柯、越嶲、平夷、南广、夜郎、云南、兴宁、河阳、西河、兴古、梁水、西平、永昌十七郡。同年又置平乐郡，属宁州。二十四年，分宁州置交州，越嶲郡别属司隶部，与东晋交州相近的牂柯、夜郎、平夷、兴古、梁水、西平六郡有可能改属交州，而建宁、晋宁、朱提、南广、云南、河阳、西河、平乐、建都、兴宁、永昌十一郡属宁州。汉国汉兴元年省交州，兴古、梁水、西平三郡还属宁州，南广、平夷郡别属荆州，牂柯、夜郎、朱提等郡别属安州。二年，建宁、牂柯二郡入东晋。三年，建宁郡自东晋归属汉国。五年，罢安州，朱提、夜郎郡还属宁州。六年，兴古、永昌、云南、朱提、河阳、越嶲六郡别属汉州。此后到亡国之前领建宁、晋宁、建都、平乐、兴宁、梁水、西平、夜郎八郡。

建宁郡（333~339、340~347），治味。见有太守邵攀、孟彦。玉衡二十三年，置建宁郡。领味、昆泽、存騄、谈槁、母单、同濑、漏江、牧麻、修云、冷丘十县。汉兴二年入东晋，三年复归属汉国。

晋宁郡（333~347），治滇池（今云南昆明市晋宁区东）。玉衡二十三年，置晋宁郡。领滇池、建伶、连然、秦臧、俞元、谷昌、双柏七县。

建都郡（333~347），或治新安（地不可考）。玉衡二十三年，置建都郡。领新安、经云、永丰、临江、麻应、遂安六县。

平乐郡（333~347），或治新定（地不可考）。见有太守李壮。玉衡二十三年，置平乐郡。领新定、兴迁、平乐、三沮四县。

朱提郡（333~347），治朱提（今云南昭通市昭阳区）。玉衡二十三年，置朱提郡。领朱提、汉阳、南秦、堂狼四县。

南广郡（316~347），治南广（今四川宜宾市筠连县、云南昭通市盐津县一带）。见有太守李播。玉衡六年，置南广郡。领南广、临利、常迁、新兴四县。

云南郡（333~347），治云南（今云南大理白族自治州祥云县东南）。玉衡二十三年，置云南郡。领云南、云平、楪榆、遂久、永宁五县。

兴宁郡（333~343），或治桥栋（今云南楚雄彝族自治州姚安县北）。玉衡二十三年，置兴宁郡。领桥栋、青蛉二县。

西河郡（333~347），或治比苏（今云南大理白族自治州云龙县一带）。玉衡二十三年，置西河郡。领比苏、成昌、建安三县。

河阳郡（333~343），或治河阳（地不可考）。玉衡二十三年，置河阳郡。领河阳、姑复、邪龙三县。

永昌郡（333~347），治永寿（今云南临沧市耿马傣族佤族自治县附近）。玉衡二十三年，置永昌郡。领永寿、不韦、雍乡、南里、巂唐、哀牢、博南七县。

5. 交州（334~336）

治地不可考。

见有刺史爨深。

玉衡二十四年，分宁州置交州。疑领牂柯、夜郎、平夷、兴古、梁水、西平六郡。[1]大成玉恒二年（336），兴古、夜郎二郡入东晋。四年，复取二郡。同年省交州，兴古、梁水、西平还属宁州，牂柯、夜郎别属安州，平夷别属荆州。

牂柯郡（333~339），治万寿（今贵州黔南市布依族苗族自治州瓮安县一带）。见有太守谢恕。玉衡

1　肖迎《成汉统治期间在西南民族地区设置的郡县》（《思想战线》1995 年第 5 期）认为成汉设置交州是为了进一步夺取被东晋控制的交州，与东晋交州相毗邻的宁州所属郡有梁水、兴古、西平、永昌四郡，可以认为成汉交州所辖应为梁水、兴古、西平、永昌四郡。但未对夜郎加以解释。

二十三年，置牂柯郡。领万寿、且兰、广谈、毋敛四县。

夜郎郡（333~336、338~347），治夜郎（今贵州西部）。玉衡二十三年，置夜郎郡。领夜郎、谈指二县。

平夷郡（316~347），治平夷（今贵州毕节市七星关区东）。玉衡六年，置平夷郡。领平夷、鳖二县。

兴古郡（333~336、338~347），治宛温（今云南文山壮族苗族自治州砚山县北）。玉衡二十三年，置兴古郡。领宛温、律高、镡封、句町、汉兴、胜休、都唐七县。

梁水郡（333~347），治梁水（地不可考）。玉衡二十三年，置梁水郡。领梁水、贲古、西随三县。

西平郡（333~347），或治盘江（地不可考）。玉衡二十三年，置西平郡。领盘江、来如、南零三县。

6. 安州（338~342），治地不可考

玉恒四年，分宁州牂柯、夜郎、朱提、越嶲四郡置安州。汉兴二年，牂柯入东晋。五年，罢安州，夜郎、朱提二郡还属宁州，越嶲郡还属司隶部。

7. 汉州（343~347），治地不可考[1]

1　肖迎《成汉统治期间在西南民族地区设置的郡县》（《思想战线》1995 年第 5 期）认为成汉应不曾设置汉州。

关于汉州设置情况，"《晋志上》载：'咸康四年，分牂柯、夜郎、朱提、越巂四郡，置安州。'晋咸康八年（汉汉兴五年，342）又置安州。《太平御览》卷123《偏霸部七》载：'（汉兴）六年，分宁州兴古、永昌、云南、朱提、越巂、河阳六郡为汉州。'李寿当是收复了兴古、夜郎二郡后置安州，以加强对该地区的统辖。后又废安州，置汉州"[1]。

三 成汉国家认同构建

成汉虽然建立了独立政权，并且称帝，与东晋、匈奴汉国、二赵等并列，其自我国家认知却始终处于矛盾之中。史书中曾记载：

---

1 此考证参见牟发松、毋有江、魏俊杰《中国行政区划通史·十六国北朝卷》，复旦大学出版社，2016，第140页。以上成汉政权疆域、政区情况参考魏俊杰《十六国疆域与政区研究》（复旦大学出版社，2018，第143~167页），牟发松、毋有江、魏俊杰《中国行政区划通史·十六国北朝卷》（第134~159页）列出。另可参见任乃强《华阳国志》卷9《李特雄期寿势志》，第508~509页注㉔；任艺《成汉国史初探》，硕士学位论文，西北大学，2018。

张骏遣使遗雄书，劝去尊号，称藩于晋。雄复书曰："吾过为士大夫所推，然本无心于帝王也，进思为晋室元功之臣，退思共为守藩之将，扫除氛埃，以康帝宇。而晋室陵迟，德声不振，引领东望，有年月矣。会获来贶，情在暗室，有何已已。知欲远遵楚汉，尊崇义帝，《春秋》之义，于斯莫大。"骏重其言，使聘相继。巴郡尝告急，云有东军。雄曰："吾尝虑石勒跋扈，侵逼琅邪，以为耿耿。不图乃能举兵，使人欣然。"雄之雅谭，多如此类。[1]

以此观之，李雄对晋室应十分崇敬，但同时史籍中又有记载：

雄以中原丧乱，乃频遣使朝贡，与晋穆帝分天下。张骏领秦梁，先是，遣傅颖假道于蜀，通表京师，雄弗许。骏又遣治中从事张淳称藩于蜀，托以假道。雄大悦，谓淳曰："贵主英名盖世，土险

1 （唐）房玄龄：《晋书》卷121《李雄载记》，第3039页。

兵强，何不自称帝一方？"淳曰："寡君以乃祖世
济忠良，未能雪天下之耻，解众人之倒悬，日昃忘
食，枕戈待旦。以琅邪中兴江东，故万里翼戴，将
成桓文之事，何言自取邪！"雄有惭色，曰："我
乃祖乃父亦是晋臣，往与六郡避难此地，为同盟所
推，遂有今日。琅邪若能中兴大晋于中夏，亦当率
众辅之。"淳还，通表京师，天子嘉之。[1]

则李雄又表现出了寻求自立的野心，只是被前凉使臣
较为高明的外交辞令所打动而已。李雄"左右为难"
的国家归属感的根源应该在于其出身及早期发展经历：
早期的六郡流民集团更多是想返回原籍，所求不得之
下才图谋在蜀地自保，直到得知中原大乱返回无望之
时才有了立足巴蜀的想法，所以其行为和思想始终处
于变化之中。而最终李雄能够建国也主要是得到了范
长生集团的大力支持，故此，一方面，李氏集团对于
自身少数民族建国的身份不太自信（如在与后赵、前

---

1 （唐）房玄龄：《晋书》卷 121《李雄载记》，第 3039 页。

凉的交往中反复抬高自身的地位，以与东晋和北方霸主"并驾齐驱"，即表明了这种心理上的需求）；另一方面，在国家实力上也多有顾虑。最后，国家统治集团内部也难以达成共识。此后，到了汉国时期，这些问题再次凸显出来，李寿夺权即以尊奉晋室为说辞以聚拢人心，成事后也对去向有过反复争论。虽然最后李寿仍然称帝建国，但反对的意见始终没有消失，如龚壮、罗恒、解思明、李演等不断上书请求恢复旧议、降号尊晋，甚至导致李寿大开杀戒，以儆效尤。对于李寿时期国家去向的争论，李磊认为，李寿文化面貌与众不同，汉政权建立后，统治阶层彻底更换，需要意识形态的更张以做配合。在此意义上，李寿聘龚壮为太师，标志汉政权意识形态的建立，同时是蜀中"附晋"势力在意识形态上的胜利。而龚壮等人更在文化上有意识地用夏变夷。[1] 从龚壮等人的行动来看，确实有明确的向晋意向，在一定程度上代表了成汉国

1　李磊：《〈华阳国志〉成汉史叙事中的"晋朝认同"》，《西南民族大学学报》（人文社会科学版）2017 年第 10 期。

家走向认识的变化。但说龚壮等人在文化上有意识地
"用夏变夷"则不准确，因李氏集团与巴蜀土著更明显
是两个利益集团之间的离合，而较少文化色彩，且李
氏集团中绝非"附晋"一种声音占据主导，不好就此
说是新的国家意识形态的建立。[1]

　　故此在成汉国家认同层面始终没能建立起统一的认
识，从李氏来说是摇摆于尊晋与自立之间[2]；从其他统治
集团人物来说，则泾渭分明地分成两派。但其均是从李
氏集团发展稳定的现实需要出发做出的不同判断而已。

　　而李雄又"置史官"，实已开始对自身流民集团、

1　参见后成汉文化教育、兴亡原因部分讨论。

2　〔日〕三崎良章从"南蛮校尉"这一异民族统御官、对晋的
称呼、统治中国意识的构建等方面认为，成汉与居于中原地区的
后赵、前燕、前秦等不同，表明其并没有把东晋视为统治中国
的障碍。《五胡十六国——中国史上的民族大迁徙》，商务印书
馆，2019，第217~229页。王安泰则从封爵角度考察认为：成
汉建国之初就将封国安置于益州以外的地区，遍布于西晋疆域之
内，显示李雄当时已有成为天下主的志向。《皇帝的天下与单于的
天下——十六国时期天下体系的构筑》，载童岭主编《皇帝·单
于·士人——中古中国与周边世界》，中西书局，2014，第82~98
页。二人所论均比较新颖，但论证上仍显得较为薄弱，还有待进
一步深入探讨。

成汉国家历史书写有所觉悟，如其史官常璩即曾逐渐撰成《汉之书》十卷（《蜀汉书》）[1]、《蜀记》、《巴汉记》《南中志》、《益部士女总赞》等。常璩入晋以后因被晋人轻视而增删旧作，写成《华阳国志》。但其主旨在于夸耀巴蜀文化、人物，又经删改，故其于成汉立国时期所著具体如何秉持李氏意志，构建其集团、国家历史，强化国家认同等已难知晓。[2]

另外，东晋始终对李氏成汉国家心存芥蒂，如庾翼即"以灭胡取蜀为己任"，将成汉与北方后赵政权相提并论，可知东晋始终将成汉国家以少数民族异类视之。

在此，对成汉国号也有进一步探讨的余地。蒋福亚曾对匈奴和慕容鲜卑的"汉""晋"旗号加以分析，认为"这个时候，少数族的统治者所以要打出'汉'旗号或者'晋'旗号，根本原因在于：1.他们都想乘

1　（唐）魏征：《隋书》卷33《经籍志二》，中华书局，1973，第963页。

2　常璩与《华阳国志》相关问题可参见任乃强《华阳国志校补图注》前言。

晋室内乱，尤其是流民起义大大削弱了西晋王朝的机
会，建立自己的统治政权，2.由于他们自身实力较小，
因此想借助上述旗号蛊惑各族人民，尤其是汉族流民，
求取他们的支持，3.上述旗号的出现绝非偶然，'汉'
旗号是阶级矛盾激化的产物，'晋'旗号是民族矛盾
激化的产物，因此，由'汉'旗号到'晋'旗号的变
化，正是民族矛盾逐步上升，成为社会主要矛盾的反
映"[1]。因此，十六国时期旗号、国号的选择有其特殊政
治心理意义。从国号选择上来看，首先是李雄的"大
成"国号。李雄于建兴元年（304）十月称"成都王"
之前，李特、李流、李雄均为益州牧、都督益梁二州
诸军事，明显带有西晋地方官色彩。而自立的"成都
王"则明显是以所统核心地域——成都为号，亦为大
多数割据政权的国号选择方式。晏平元年（306）六月
李雄称帝，国号"大成"，"大成"应该是"大成都国"
的省称，源自此前的"成都王"。因此时其政权控制

1 蒋福亚：《刘渊的"汉"旗号和慕容廆的"晋"旗号》，《北京
师院学报》1979 年第 4 期。

区仅为以成都为中心的益州地区，北方的梁州、南方的宁州基本不在控制范围内，故有此名。从时间上看，大成国号的选定时间与匈奴汉国建立时间几乎同时[1]，但其间并无政治心理上的相似性，由此可见大成国名号的选择应与社会阶级矛盾之间并无太多关联。此后有李寿改国号为"汉"，则主要是李寿与李雄同宗异支，为李骧之子，要与李雄一系区别开来。同时，其即尊位前为大成国汉王，故有改号"汉"国的情况，亦为古代权臣篡位以自身王号为国号的常见做法，就此来看也与匈奴汉国的国号选择有着本质的不同，同时没有尊晋的意味。[2]

由此可知，"成""汉"两国号与当时阶级、民族

1　刘渊于 304 年十一月称"汉王"，308 年正式称帝，国号仍为"汉"。

2　另可参见胡阿祥《吾国与吾名》，江苏人民出版社，2018，第126 页。胡阿祥又提出："李寿改用汉国号除早起封号外，成国的规模与刘备的汉相仿佛，以及李寿为汉王时有汉中郡地，也与李寿定国号为汉有关，李寿新定的年号'汉兴'也透露了一些这方面的消息，盖国号为汉、年号汉兴，与刘备的汉乃至刘邦的汉攀上了关系，从而使得自己实质得自篡夺的政权，蒙上了一层'正统'色彩。"

矛盾并没有直接的关系。建国前的李氏集团在巴蜀社会中引发了一定的社会冲突，但主要为流民集团与巴蜀土著之间的冲突，源自流民对巴蜀地区的掠夺，与此相伴的就是民族矛盾的冒头，如赵廞集团讨论李氏之时有"非我族类，其心必异"的说法，但从整体上看这种表述也仅此一见，且表现得并不特别鲜明，远不如中原表现得剧烈。[1]更多的仍是基于流民集团对益州的杀掠而出现的双方利益冲突，并非民族矛盾，也非阶级矛盾。而且随着流民集团策略的改变，情况明显发生变化。史书记载"时罗尚贪残，为百姓患，而特与蜀人约法三章，施舍振贷，礼贤拔滞，军政肃然。百姓为之谣曰：'李特尚可，罗尚杀我。'"[2]，可见李氏统治下的社会阶级矛盾也得到了一定的缓解。

两种矛盾在成汉建国后则表现得更少，就阶级矛盾来看，一方面，成汉国家在政治、军事领域排挤了

1　按：关于这一点，可参见本书第六章第三节"成汉民族问题"中的相关讨论。

2　（唐）房玄龄：《晋书》卷120《李特载记》，第3027页。

巴蜀土著集团¹，另一方面，在经济领域部分地缓解了当时益州的经济负担²，故其阶级矛盾表现得并不明显。就民族矛盾来看，李氏集团虽然出身少数民族，但在发展过程中已经经历了一定的文化转变³，成汉国家统治期间也没有突出的民族矛盾问题。

1　按：详后第七章第一节"兴亡原因"部分讨论。

2　按：详后第六章第一节"成汉经济"部分讨论。

3　按：详后第六章第二节"成汉文化教育"部分讨论。

成汉社会经济、文化与民族

〖第六章〗

成汉的经济、文化、民族关系等原本分为李氏自身带有的少数民族属性部分以及成汉国家层面两种。但从整体来看，李氏自身包含的各种少数民族元素在经济、文化等方面表现得很微弱，这与其早期发展情况有关。以下即对李氏与成汉国家所涉及的经济、文化、民族情况分别加以分析。

一 成汉经济

成汉经济相关记载较少，从李氏最早在巴西宕渠（今四川达州市渠县东北）之时开始，有记载其群体被秦收服后口出钱四十，又以巴人将赋称为賨，故被称为賨人之事，"口出钱四十"是其最早的经济负担。此后李氏等迁徙到略阳（今甘肃天水市秦安县东北），经济情况不得而知。但从李氏一族在河陇基层任职可以略做分析，其中第一代李虎为将军，第二代李慕为东羌猎将，第三代的李特少仕州郡，李流为东羌督，李庠为郡督邮、主簿，被察孝廉、举良将、举秀异，并为中护军下属中军骑督等，基本为下级武官，这应与其早期为賨人小酋长擅长骑射有关。其交往的人也多为六郡下层官僚，如后来李氏集团中的西晋上邽令任臧、始昌令阎式、陈仓令李武、阴平令李远等。就此来看，李氏一族在河陇地区应该主要以世代为官，以及由此带来的附属利益为家族生计。

流民入蜀以后，因其流动属性而就谷各地，并无定居，故基本只能依靠为巴蜀土著佣耕为生。史载：

> 流人布在梁益，为人佣力……且水雨将降，年谷未登，流人无以为行资。[1]

阎式给罗尚的书信中也提到：

> 但往日初至，随谷庸赁，一室五分，复值秋

---

1 （唐）房玄龄：《晋书》卷120《李特载记》，第3025页。

漳，乞须冬熟，而终不见听。[1]

是知流民为了更好地生存，而随谷所在为人佣耕，甚至"一室五分"，形成一种特殊的群体形态。

而李特等所领导的流民军在赵廞的支持下主要以劫掠为生，"专为寇盗，蜀人患之"。此后还有对成都的大规模劫掠等，甚至导致西晋广汉太守辛冉有"欲杀流人首领，取其资货"，"于诸要施关，搜索宝货"[2]情况的出现，足见流民上层劫掠财富之丰厚。这是建国前李氏与流民集团自身的经济情况。

李雄建国以后，最初因经济情况不好，曾纵容将领进献金银珍宝买官，以此来补贴国家经济。此后，李雄对巴蜀地区人口有了较为清晰明确的赋税规定，根据记载可将其赋役情况列表如下（见表6-1）。

---

1 （宋）司马光：《资治通鉴》卷84，第2667页。

2 （唐）房玄龄：《晋书》卷120《李特载记》，第3025页。

表6-1　成汉时期巴蜀地区赋役情况

类型	田租	户调
男丁	三斛	绢数丈、绵数两
女丁	一斛五斗	
疾病	七斗半	

从表6-1可以看到，大成国的田租是税人的，只以成年年龄为限，划分较为简单。但也可以此推断成国已经有较为系统的编户体系，下层民众与土地的重新结合也应表现出较好状态，但在此基础上的徭役和兵役情况不详，只有"事少役稀"的记载。

以此与魏晋时期的赋役情况加以对比，结果如表6-2所示。

表6-2　魏晋时期赋役情况

政权	田租	户调
曹魏	亩四升	绢二匹、绵二斤
西晋	丁男五十亩收租四斛（合亩八升）	丁男户绢三匹、绵三斤
	丁女二十亩一斛六斗	丁女、次丁男户半输
	次丁男十亩八斗	边郡三分之二、远者三分之一
	远夷不课田者输义米户三斛，远者五斗，极远者输算钱人二十八文	宾人输宾布户一匹、远者一丈

可知成汉国家的田租负担表面上看是高于曹魏而低于西晋的。但问题在于成汉的田租并没有给出承担标准,丁男所交三斛是基于多少田地制定的标准并不明确,因此还不能妄下定论,推测应该与西晋五十亩的丁男课田标准相差不远。而在户调负担层面则明显减轻许多,针对魏晋来看,几乎只相当于两代的十分之一。因此,成汉国家的赋税负担整体上是减轻了的。

此外,史籍中对赋役承担者没有具体的交代,虽记载有大成国对新依附的人口给予"复除"的待遇,但具体"复除"的年限没有记录。另外,对范长生部曲也均给予"复除"的优待,"租税皆入贤家",表示对范长生集团特殊地位的照顾。从这两段来看,李氏集团对一些特殊人群给予了"复除"待遇,以此推断六郡流民集团作为李氏建国的核心基础应该也在一定程度上享受了一些"特殊待遇",只是没有具体记载。进一步来说,大成国赋役的主要承担者应该仍是以巴蜀本地百姓为主。

经过李雄时期的发展,大成国经济恢复得很快,巴蜀地区民多富实,"年谷屡熟"。但随着经济的发展和社会环境的好转，大成国也开始走上了土地兼并、贫富不均的道路。李班曾对李雄建议："古者垦田均平，贫富获所，今贵者广占荒田，贫者种殖无地，富者以己所余而卖之，此岂王者大均之义乎！"[1]李雄接纳了这一建议，但此后的情况不明。而大成国在驻军之地应该有军屯的设置，如史籍中见有李玝为梁州刺史，修晋寿军屯的记载，而其具体细节也不得而知。此后的汉国应该与大成情况基本一致。

成汉农业生产情况也可以从一些出土文物中得到印证，如成汉墓葬考古中常见铁质锄、斧、镰等生产工具随葬，即可知成汉国内农业地位较高。

在家庭养殖业方面，成汉相关墓葬里面也曾经出土陶制动物，且以狗、猪、鸡、鹅等为主，数量较多，并有鸡圈出土，可知成汉国家的家畜、家禽养殖业较发达。

农业之外，其他经济门类的情况不见详细记载，但蜀地自身有着长年积累的物产和经济门类，如史载

---

1 （唐）房玄龄:《晋书》卷 121《李班载记》，第 3041 页。

巴地物产：

其地，东至鱼复，西至僰道，北接汉中，南极黔涪。土植五谷。牲具六畜。桑、蚕、麻、苎，鱼、盐、铜、铁、丹、漆、茶、蜜、灵龟、巨犀、山鸡、白雉，黄润、鲜粉，皆纳贡之。其果实之珍者，树有荔支，蔓有辛蒟，园有芳蒻、香茗、给客橙、葵。其药物之异者，有巴戟天、椒。竹木之璜者，有桃支、灵寿。……故其诗曰："川崖惟平，其稼多黍。旨酒嘉谷，可以养父。野惟阜丘，彼稷多有。嘉谷旨酒，可以养母。"[1]

蜀地物产：

其地东接于巴，南接于越，北与秦分，西奄峨嶓。地称天府，原曰华阳。故其精灵，则井狼垂耀，江、汉遵流。……其宝则有璧玉、金、银、珠、碧、铜、铁、铅、锡、赭、垩、锦、绣、罽、氂、犀、

---

1 《华阳国志》卷1《巴志》，第5页。

象、毡、耗，丹、黄、空青之饶，滇、獠、賨、僰，僮仆六百之富。……其山林泽渔，园圃瓜果，百谷蕃庑，四节代熟。桑、漆、麻、纻靡不有焉。[1]

汉中地区物产：

> 其地东接南郡，南接于巴，西接武都，北接秦川。厥壤沃美，赋贡所出，略侔三蜀。[2]

南中地区物产则有：

> 晋宁郡……土大平敞，原田。多长松皋，有鹦鹉、孔雀、盐池、田、渔之饶，金、银、畜产之富。
>
> 建宁郡……升麻县……山出好升麻。……双柏县……出银。……俞元县……怀山出铜。
>
> 朱提郡……朱提县……山出好银。……堂螂县……出银、铅、白铜、铜、杂药。

---

1 《华阳国志》卷 3《蜀志》，第 113 页。
2 《华阳国志》卷 2《汉中志》，第 61 页。

南广郡……南广县……有盐官。……临利县……
有土盐。

　　永昌郡……土地沃腴，宜五谷。出铜、锡、黄
金、光珠、虎魄、翡翠、孔雀、犀、象、蚕、桑、
绵、绢、采帛、文绣。……又有阚、旄、帛、叠、
水精、琉璃、轲虫、蚌珠。

　　云南郡……土地有稻田、畜牧，但不蚕桑。

　　梁水郡……梁水县……有振山，出铜。……贲
古县……山出银、铜、铅、锡。[1]

知南中地区虽然基本农业生产略滞后于益、梁二州，但
其一些手工业、经济产业发达，以及珍奇物产十分丰
富，与益、梁二州各擅胜场。

　　从以上记载的内容可见成汉国家所具有的自然物
产资源之丰厚、经济门类之多样。且《华阳国志》一
书作者常璩即为汉国散骑常侍官，世居巴蜀，故书中

---

1 《华阳国志》卷4《南中志》，第267、272~273、278、279、
284~286、295、302页。

所记应有其亲身经历成分，信息较为准确。成汉时期虽然经历了西晋末年蜀人的大量流失，但其经济门类也应与此相去不远。而其户调征收绢、绵，也说明纺织业的发展情况应如蜀汉时期一样较为兴盛，且成汉墓葬中出土有陶制纺轮，亦可知纺织业在成汉国内影响较大。

在其他制造业方面，记载见有李寿曾经扩大尚方御府，将州郡工巧之人征发来充实其中，但职能应该主要是供应皇室享用的奢侈品。在基层手工业方面，从考古资料来看，成汉墓葬出土有陶制罐、碗、钵、釜、甑、杯、灯，青瓷碗，铁质剪刀、釜、权、刀、剑，铜釜、锅、环、镜、圆帽钉、带钩、扣、环，玛瑙珠，银手镯等生产生活物品，说明成汉国家的制陶、制瓷、金属冶炼、宝石加工等产业仍然兴盛。[1]

---

[1]　成汉墓葬出土相关器物可参见四川省博物馆《四川牧马山灌溉渠古墓清理简报》，《考古》1959 年第 8 期；王毅、罗伟先《成汉墓考古记》，《成都文物》1986 年第 2 期；刘世旭、刘弘《西昌市西郊乡发现成汉墓》，《四川文物》1991 年第 3 期；德阳市文物考古研究所、什邡市文物保护管理所《四川什邡市虎头山成汉至东晋时期崖墓群》，《考古》2007 年第 10 期；等等。

在货币发展层面，李寿时期曾铸"汉兴钱"，为我国历史上第一种年号钱。但其钱规格不一，所见即有钱径16.5mm、17mm、17.2mm、17.5mm，穿径6mm、7mm，外郭厚0.8mm、1mm，重0.6~1.1g、1.3g、1.4g、1.55g、1.6g、1.8g等不同形制、重量。钱文隶书体，有直书、横书"汉兴"两种情况，多素背，也有极为罕见的面背均有"汉兴"二字者。汉兴钱在形制上与蜀汉减重直百钱有一定承袭关系，本身又可分为早、中、晚三个阶段，差异主要反映在重量上：初期钱重可达1.8g，中期钱重在1~1.4g，晚期多不足1g，最轻者仅有0.6g。汉兴钱整体轻薄，用铜不精，且大多字迹模糊、铸造质量差。其出现和特点有社会历史原因：一是成汉李寿时期逐渐施以暴政，经济上走向奢靡，被迫只能采取铸造小型钱币的办法来保证剥削；二是战乱导致冶金劳动力匮乏，铸币材料的短缺也使铸币与其币面重量标准相差得越来越远，迫使其放弃以往以重量命名货币的传统办法；三是魏晋十六国以来各政权多铸造自己的货币，币制混乱，铸造年号钱可以与其他国家的铸币明显区别，有利于成汉国内货币管理，保护成汉经济；四是汉兴钱颁行于李寿即位改国号同时，面对自身以下克上、名不正言不顺的情况，这也是证明自己的正统性、提高合法地位的一种宣传手段。[1]

二 成汉文化教育

成汉文化也可以分为两个部分，即原始的李氏少数民族文化以及成汉文化教育。

李氏作为巴西宕渠少数民族，最初的文化为賨人文化，"俗性剽勇，又善歌舞"，尤其"敬信巫觋"。此后，到成汉时期也不断能看到"敬信巫觋"的影子。如李雄母罗氏死后，李雄即信"巫觋者之言，多有忌讳，至欲不葬"，应该是賨人信奉巫术的遗存。而李雄建立大成国后身边竟然多有巫觋者，且为李雄所敬信，

---

1 关于汉兴钱出土及研究情况，可参见曾咏霞《成都小南街遗址出土的直书汉兴钱》，《中国钱币》2002 年第 2 期；德阳市文物考古研究所、什邡市文物保护管理所《四川什邡市虎头山成汉至东晋时期崖墓群》，《考古》2007 年第 10 期；袁克林《我国最早的年号钱——汉兴钱初探》，《收藏界》2011 年第 11 期；房鑫、李怡然《历史上第一枚年号钱"汉兴钱"的产生考》，《学理论》2015 年第 6 期；等等。

也说明巫术在大成国的影响力之大。[1]

此外，成汉墓葬虽然分布在成都、西昌各地，但其出土人俑均带有鲜明的文化特征，如头竖三角、高鼻、眼外凸出，口吐长舌直达胸前等。刘弘考证这些应该并非宾人体质特征，一是关于宾人的史料中均无宾人在体质特征上异于同时代其他民族的记载，二是国内各时代陶俑、铜俑唯一与其相似者仅有三星堆遗址青铜人头像和青铜面具。因此，成汉墓葬出土镇墓俑只能与宾人宗教信仰有一定联系。汉晋时期蜀地完全笼罩在浓厚的古蜀文化氛围中，天师道产生和活动在这种历史文化背景下，不可避免地会带上浓厚的古蜀巫觋文化色彩。三星堆青铜人头像及面具制作精美、数量大、种类多，它们代表了古蜀巫觋文化的全盛期。成汉俑简略的造型却反映了这种文化到汉晋

---

1 林富士即认为李雄"应该是一名巫者的信徒"。《巫者的世界》，广东人民出版社，2016，第80页。陈辉甚至认为："五斗米道对巴蜀李雄的影响可以说是微乎其微，李雄的信仰还应当沿袭宾人的传统，即巫觋信仰，也就是巴蜀地区民间流行的鬼道。"《民间信仰的新发展：论汉晋鬼道》，《重庆科技学院学报》（社会科学版）2015年第5期。

时期的衰落，已是古蜀巫觋文化的孑遗了。[1] 但索德浩对
此提出质疑，认为这一结论有两方面的问题：一是古蜀巫
觋文化一直从三星堆文化延续到成汉，但为何中间的春秋
战国、秦汉时期均未发现；二是这些人像中除镇墓俑外还
有吹笛俑、侍从俑等，其形象应与精神信仰关系不大，为
何也会与三星堆人像相似？但如此高的相似度又绝非历史
偶然性可以解释，二者应该存在密切联系。索德浩认为成
汉俑族属确实并非賨人形象，而有可能是以氐人为主的氐
羌等少数民族形象。成汉时期蜀地为六郡流民所据，而流
民又以氐羌之族为主，故成汉墓葬应主要为氐羌二族所遗
留或受氐羌葬俗影响，与三星堆器物坑族属有着共同的来
源地——川西北、甘青地区氐羌传统居住地。随葬陶俑之
俗应是流民进入蜀地后新吸收的葬俗，但在陶俑形象上保
持了氐羌自己的民族风格。[2] 但索德浩的推论也有无法解

1　关于成汉墓葬陶俑的文化属性，参见刘弘《成汉俑新说》，《四
川文物》1995 年第 4 期。

2　索德浩：《成汉俑与三星堆器物坑青铜人像》，载《文物、文
献与文化：历史考古青年论集》第一辑，上海古籍出版社，2017，
第 263~276 页。

答的问题：一是巴蜀地区的氐族绝不仅是到李氏流民集团入蜀才带入的，其在川西北、川北地区生活时间久远，且与巴蜀汉人互动也较早、较多，故索德浩的判断并不能解释为何从三星堆文化时代到成汉之间进入蜀地的氐人并未能带来类似的俑人；二是氐族在魏晋南北朝时期的关陇、河西地区影响很大，与这些地区的汉人等各族杂居，并建立数个氐族政权，但在这些地区的氐人政权中又为何没有出现成汉俑，这也是难以回答的。因此，目前的资料情况还不能对三星堆俑、成汉俑具体的文化归属做出确定无疑的判断，尚有待更多类似俑人的出现。[1]

1　出土陶俑情况可参见四川省博物馆《四川牧马山灌溉渠古墓清理简报》，《考古》1959 年第 8 期；四川省博物馆《文物考古工作三十年》，载《文物考古工作三十年（1949—1979）》，文物出版社，1979，第 355 页；金勋琪《旧传桓侯巷的张飞衣冠坟发掘确系成汉晚期墓葬》，《成都晚报》1986 年 6 月 25 日；王毅、罗伟先《成汉墓考古记》，《成都文物》1986 年第 2 期；刘世旭、刘弘《西昌市西郊乡发现成汉墓》，《四川文物》1991 年第 3 期；德阳市文物考古研究所、什邡市文物保护管理所《四川什邡市虎头山成汉至东晋时期崖墓群》，《考古》2007 年第 10 期；《成都金堂出土 20 多座成汉时期墓葬，凸眼陶俑神似三星堆铜人》，《成都商报》2018 年 5 月 8 日；《迄今发现最大规模成汉墓金堂出土成汉陶俑"撞脸"三星堆人像》，《成都晚报》2018 年 5 月 8 日。

另外，成汉时期也多见占梦，如李雄之母罗氏曾以胎梦推断两子的前途；观天象，如李班时期太史令韩豹以异常天象来警示内乱；等等。而成汉国家也多见占卜的情况，如李寿在纠结称帝之时，即加以卜筮，得到能够当"数年天子"的卦象后坚定了称帝的意念。这些有可能是李氏原始信仰与中原方术传统结合的产物。

因为对巫术的喜爱，賨人对道教也有所接受。张鲁据汉中之时，賨人即因张鲁以鬼道教人与其信仰相近而投奔张鲁，此后李氏的信仰程度不得而知。如陈侃理即认为六郡豪族大姓在迁徙与融合过程中虽然依然保持着天师道信仰，但已被儒家思想同化，更以汉晋之制为基础建立成汉统治秩序。[1]但六郡大姓应该本身即为儒家思想为主的群体，李氏则是在自汉中转到六郡以后即已逐步发生文化转变（详见后论）。而成汉国家尊奉范长生，范长生为道教领袖，因此，道教

1　陈侃理：《赵李据蜀与天师道在曹魏西晋时期的发展》，载《北大史学》第13辑，北京大学出版社，2008。

在成汉国家内部享有极大自由和较高地位应没有问题。唐长孺即认为道教即李氏与范长生联合的一个基础，"当巴氏李氏统治期间天师道在巴蜀一定更有发展"[1]。甚至有学者认为成汉政权就是巴人一手缔造的道教王国。[2]"但有评论者提出，只有范长生和李雄的关系确实体现出道教背景"，不宜将李特到李势8个君主都与道教扯上关系[3]，是比较正确的。

李氏在迁徙到略阳生活以后，应该对其文化发展有一定的影响，其结果就是李氏家族人物成为兼具少数民族骁勇善战和中原汉人文化修养的二元文化体，这从李特兄弟及其下一代的文化变化中可以看到。

仅就李氏家族文化特征变化来看，迁徙的第一代为李虎，为将军；第二代李慕，为东羌猎将。二人具体情况不明。而明确在六郡出生、成长的是李

1 唐长孺:《范长生与巴氏据蜀的关系》,《历史研究》1954 年第 4 期。

2 祁泰履:《传统中国的民族身份与道教身份认同》,载《正一道教研究》第五辑,宗教文化出版社,2016。

3 刘屹:《近年来道教研究对中古史研究的贡献》,《中国史研究动态》2004 年第 8 期。

特兄弟几人。史载李特（？~303）"少仕州郡，见异当时，身长八尺，雄武善骑射，沈毅有大度"[1]。李流（248~303）"少好学，便弓马，东羌校尉何攀称流有贲育之勇，举为东羌督"[2]。可见二人仍以勇武为地方所用。而李庠相关记载更为细致，史载李庠（247~301）"少以烈气闻。仕郡督邮、主簿，皆有当官之称。元康四年，察孝廉，不就。后以善骑射，举良将，亦不就。州以庠才兼文武，举秀异，固以疾辞。州郡不听，以其名上闻，中护军切征，不得已而应之，拜中军骑督。弓马便捷，膂力过人，时论方之文鸯"[3]，可以明确感受到李庠有着较为深厚的汉文化功底，兼有勇武的一面，故在兄弟中十分突出，与上两代人突出的武将气质尤为不同。下一代的李荡（李特子，？~303）也是"好学，有容观"[4]，其弟李雄也有"手不释卷"的赞誉。以李雄（274~334）生卒年来看，其兄李荡也应成长于

1　（唐）房玄龄：《晋书》卷120《李特载记》，第3022页。

2　（唐）房玄龄：《晋书》卷120《李流载记》，第3029页。

3　（唐）房玄龄：《晋书》卷120《李流载记附李庠》，第3031页。

4　《华阳国志》卷9《李特雄期寿势志》，第483页。

略阳地区。这种情况只能是来自关陇地区汉人大族的影响，双方在长达百年的接触交往中进行婚姻、文化往来，已经结成了十分密切的关系。

此后李氏家族人物在文化特征方面的转变更为明显，如李寿（李骧之子，300~343）"有干局，爱尚学义，志度少殊于诸子"[1]，或曰"敏而好学，雅量豁然，少尚礼容，异于李氏诸子"[2]。再下一代者，如李班（李荡四子，297~334）"谦虚博纳，敬爱儒贤，自何点、李钊，班皆师之，又引名士王嘏及陇西董融、天水文夔等以为宾友。每谓融等曰：'观周景王太子晋、魏太子丕、吴太子孙登，文章鉴识，超然卓绝，未尝不有惭色。何古贤之高朗，后人之莫逮也！'为性泛爱，动修轨度。时诸李子弟皆尚奢靡，而班常戒厉之"[3]。李期（李雄四子，314~338）"聪惠好学，弱冠能属文"[4]，"少

1 《华阳国志》卷9《李特雄期寿势志》，第500页。

2 （唐）房玄龄：《晋书》卷121《李寿载记》，第3043页。

3 （唐）房玄龄：《晋书》卷121《李班载记》，第3041页。

4 （宋）李昉：《太平御览》卷123《偏霸部七·蜀李期》。

攻学问，有容观"[1]等。再下一代则有李期从子李载"多
才艺"，为李期忌而杀之等，已经完全接受汉文化了。

在自身汉文化发展的同时，李氏在成汉国家大力
发展文化教育，李雄之时曾"兴文教，立学官"，应
该是按照中原传统的官学系统建立的。李寿时期也曾
"广太学，起宴殿"，并"宴礼于太学，举明经者封好
学侯"[2]。李氏所为一方面来自自身逐渐提高的汉文化修
养，这促使李氏在汉文化教育方面始终向中原传统教
育体系看齐；另一方面，巴蜀地区秦汉以来兴旺发达
的巴蜀文化、儒学教育传统[3]给了成汉国家发展官学教
育以可能。

1　《华阳国志》卷9《李特雄期寿势志》，第497页。

2　（宋）李昉：《太平御览》卷123《偏霸部七·蜀李寿》。

3　巴蜀文教发展可见《汉书》卷89《循吏·文翁传》所载："文
翁……景帝末，为蜀郡守，仁爱好教化。见蜀地辟陋有蛮夷风，
文翁欲诱进之，乃选郡县小吏开敏有材者张叔等十余人亲自饬厉，
遣诣京师，受业博士，或学律令。减省少府用度，买刀布蜀物，
赍计吏以遗博士。数岁，蜀生皆成就还归，文翁以为右职，用次
察举，官有至郡守刺史者。又修起学官于成都市中，招下县子弟
以为学官弟子，为除更徭，高者以补郡县吏，次为孝弟力田。常
选学官僮子，使在便坐受事。每出行县，益从学官诸（转下页注）

此外，成汉也设有史官，见有太史令韩豹、韩皓等，史官常璩，并已修成多部史书，其内容多入《华阳国志》。[1] 而对成汉时期整体史学情况，邹绍荣等认为成汉政权李雄统治时期是人文环境比较好的时期。当时巴蜀史学的基本状况是私强官弱，即主要以私人撰述为主，官方史学明显衰微，成绩非常有限。而官史不彰有两个原因：一是政治需求的弱化，二是制度设置的缺失。巴蜀地区史学在公元 3~6 世纪有所发展，但这种发展是艰难的，也是缓慢的，主要原因有三点。第一，长时间的动乱与文化上的"内争"所造成的史学环境的恶化。第二，经学的强势地位在当时的巴蜀地区依然存在，史学的附庸色彩仍然比较浓厚。第三，优秀史家的外流。公元 3~6 世纪的巴蜀史学有着非常鲜明的区域

（接上页注）生明经饬行者与俱；使传教令，出入闺阁。县邑吏民见而荣之，数年，争欲为学官弟子，富人至出钱以求之。由是大化，蜀地学于京师者比齐鲁焉。至武帝时，乃令天下郡国皆立学校官，自文翁为之始云。文翁终于蜀，吏民为立祠堂，岁时祭祀不绝。至今巴蜀好文雅，文翁之化也。"中华书局，1962，第 3625~3627 页。

1　常璩著述情况可参见任乃强《华阳国志校补图注》前言。

特色，即高度的本土化，表现在：第一，史家群体的本
土化；第二，史学意识的本土化，即强烈的记述本土历
史、彰显本土人物的意识与冲动；第三，史著内容的本
土化。[1]

除了以上三点之外，賨人与成汉国家另一值得探
讨的是其"巴渝舞"文化。史载"巴渝舞"：

汉高祖自蜀汉将定三秦，阆中范目率賨人以从
帝，为前锋。及定秦中，封目为阆中侯，复賨人七
姓。其俗喜舞，高祖乐其猛锐，数观其舞，后使乐
人习之。阆中有渝水，因其所居，故名曰《巴渝
舞》。舞曲有《矛渝本歌曲》、《安弩渝本歌曲》、《安
台本歌曲》、《行辞本歌曲》，总四篇。其辞既古，
莫能晓其句度。魏初，乃使军谋祭酒王粲改创其词。
粲问巴渝帅李管、种玉歌曲意，试使歌，听之，以
考校歌曲，而为之改为《矛渝新福歌曲》、《弩渝新

---

1 邹绍荣、李小树：《公元 3~6 世纪巴蜀地区史学的发展》，《重
庆社会科学》2010 年第 2 期。

福歌曲》、《安台新福歌曲》、《行辞新福歌曲》,《行辞》以述魏德。黄初三年,又改《巴渝舞》曰《昭武舞》。至景初元年,尚书奏,考览三代礼乐遗曲,据功象德,奏作《武始》、《咸熙》、《章斌》三舞,皆执羽龠。及晋又改《昭武舞》曰《宣武舞》,《羽龠舞》曰《宣文舞》。咸宁元年,诏定祖宗之号,而庙乐乃停《宣武》、《宣文》二舞,而同用荀勖所使郭夏、宋识等所造《正德》、《大豫》二舞云。[1]

　　"巴渝舞"本为古代嘉陵江、渠江流域賨人集体战舞,后被统治者吸收改造为宫廷武舞。[2]虽然"巴渝舞"在成汉国家的具体情况不明,但賨人作为这一舞蹈的原始创造者,且此舞被吸收进入中原宫廷,成汉又对中原魏晋的礼制文化有所学习,故此舞也极有可能存在于成汉宫廷之中。

1　(唐)房玄龄:《晋书》卷22《乐志上》,第693~694页。
2　参见江玉祥《賨人与賨国——宕渠历史文化散论》,《西华大学学报》(哲学社会科学版)2014年第2期。

三 成汉民族问题

成汉国家民族问题包括三个层面：一是李氏賨人集团自身的民族文化问题，二是作为成汉国家核心的六郡流民内部存在的民族问题，三是成汉国内的其他民族问题。其中，李氏賨人自身少数民族文化已经蜕变为汉文化，这源于关陇地区近百年与汉人混居[1]，故以下主要对其他两个方面的问题分别加以分析。

首先，在六郡流民集团内部，除了六郡编户民之外，还有部分氐羌民众随迁，这些人同样成为李氏发展建国的重要部分，与他们的关系也成为成汉民族关系问题的重要部分。从记载来看，表现最为突出的主要是氐人。李特等归附赵廞之时，所带除了六郡豪强任回、上官惇、费他等之外，即有氐人苻成、隗伯等共四千骑兵，可见其集团军事组成是有氐人成分的。而李氏一族虽然自身为賨人，此时却已经明显表现为汉人豪强，如李特与李骧改辛冉的悬赏，其内容称："能送六郡之豪

---

1 按：相关情况见本书第六章第二节"成汉文化教育"相关探讨。

李、任、阎、赵、杨、上官及氐、叟侯王一首，赏百匹。"[1] 则是将"李"列于六郡之豪，而与氐、叟侯王并称，这种写法并没有被六郡豪强和氐、叟少数民族首领所质疑，可见这已经是当时公认的一种情况。这种情况的出现应该是李氏在略阳长期发展，作为基层官员参与地方行政而推动其自身汉化的结果。虽然赵廞集团曾有"非我族类"之言，但这应该是上言"李庠握强兵于外"，下言"倒戈授人"，主要针对流民集团作为外来人控制军事指挥权而言，更多的不是指民族问题。[2]

但李氏与氐族酋豪之间关系较为奇特，前面提到其有合作的一面，但此后双方关系似乎并不融洽。在

1　（唐）房玄龄：《晋书》卷 120《李特载记》，第 3025 页。

2　对此学术界也多有涉及，如有从巴县冬笋坝和昭化宝轮院墓葬形制和物质文化变化认为到西汉末期巴人已完全与汉人一样，巴人物质文化形制已经没剩多少了。四川省博物馆：《四川船棺葬发掘报告》，文物出版社，1960，第 89 页；佟柱臣：《中国边疆民族物质文化史》，巴蜀书社，1991，第 237 页。另有从西昌成汉墓入手，认为西汉末巴人逐渐汉化的历史趋势已经开始。《西昌首次发现成汉墓》，《中国文物报》1990 年 8 月 9 日，第 1 版。童超《论李特兄弟领导的武装斗争及成汉政权的性质》（《社会科学研究》1980 年第 2 期）一文也提到巴氐、叟人已经汉化，经济、文化生活与汉人无别。

罗尚进攻李流之时，李流与李骧出兵抵御涪陵民药绅，罗尚督护何冲趁机进攻北营，在此关键时刻，氐人苻成、隗伯在营中突然叛变响应罗尚军，给李氏后方带来致命的威胁。此时多亏李荡母罗氏亲自贯甲作战，保证了北营的稳定，并坚持到了李流军队的回援，迫使苻成、隗伯率领党羽逃奔罗尚。苻成、隗伯的叛变十分突然，此前并没有见到李氏集团与氐人之间的冲突。此后李雄用计调动罗尚出击，罗尚又派遣隗伯进攻郫城（今四川郫都区）。罗尚派遣降将进行重要战役这一情况也比较特殊，至少说明罗尚认为李氏集团与氐人之间的矛盾很深，是不会轻易背叛自己的。隗伯果然作战勇敢，身负重伤被俘。随后李雄对氐酋苻成、隗伯等的态度也较为奇特，对因叛乱险些葬送流民集团的苻成，甚至曾经在叛乱中砍伤自己母亲眼睛的隗伯等均表现出了宽宏大度的一面：苻成反复降叛、隗伯身负重伤，李雄均加以原谅，并且"厚加待纳"。此后，又有东晋益州隗文等杀益州将吏所推长官张罗，驱吏民投降大成，也为李雄接纳之事。此隗文史籍又记为与苻成反复降叛、手伤李雄母罗氏者，但从前后记载来看，此处应该是隗伯之误，则隗文的出现较为突兀。从其姓氏来看，可能为苻成、隗伯叛投罗尚之时的党羽。氐人的反复叛离、李雄的一系列宽容接纳行为可以从一些信息中做一推断理解。梳理此后成汉统治集团所见任官情况，其中几乎没有所谓氐羌酋豪，所见仅有汉末时期出现的将军隗文。这就说明氐人集团虽然在最初即参与了李氏军事团队，但其并没能进入李氏集团及成汉国家的真正统治核心，这很可能造成了氐人首领的不满，其叛离应该一方面有对不公正待遇的不满，另一方面很有可能也是对流民集团领导权的一次争夺。李雄等对其的宽容应该也有多方面的原因，主要层面应该是虽然苻成、隗伯等氐人首领带领党羽叛逃，但六郡流民集团中仍有大批的氐羌人存在，且巴蜀南中旧有大批氐羌人口，故李雄仍需借重其人来安抚众多氐人的情绪，以保障政权的稳定。史籍中即在记录李雄宽厚对待苻成等之后，同时记载其结果是"夷夏安之"，可见这应是李雄等的主要目的所在。在汉国政权灭亡后，不久即有旧臣尚书仆射王誓、镇东将军邓定、平南将军王润、将军隗文等再次叛乱，均被击破。随后又有邓定、隗文等入据成都，推举范长生之子范贲为帝，直到永和五年（349）四月范贲被益州刺史周抚等击斩，益州被彻底平复。在数年的益州之乱中，隗文等发挥了重要作用，可知六郡氏人势力在益州地区应有其重要影响。另外，李雄极有可能也是借助对隗伯等"罪大恶极"之人的宽容，招徕周边各族民众的投附，其结果能导致"威震四土"即指此。

其次，对于成汉国内各族问题，从记载来看，主要有南中地区夷人和后来出现于益州的僚人两个群体。[1]南中地区史载：

> 南中在昔，盖夷越之地，滇、濮、句町、夜郎、叶榆、桐师、巂唐，侯王国以十数，或椎髻耕

---

[1] 肖迎《成汉统治期间在西南民族地区设置的郡县》（《思想战线》1995年第5期）认为成汉是一个多民族地方政权，尤其是在南部宁州境内，有賨人、僚、濮、羌、僰、叟、昆明、糜沙、鸠僚、闽濮、獽、蜑、板楯蛮、蟾夷。但这些民族，尤其是在南中地区的少数民族，并没有在成汉国家产生过多影响，故在此不更多加以讨论。

田，有邑聚，或编发、随畜迁徙，莫能相雄长。[1]

西南夷君长以什数，夜郎最大；其西靡莫之属以什数，滇最大；自滇以北君长以什数，邛都最大：此皆魋结，耕田，有邑聚。其外西自同师以东，北至楪榆，名为嶲、昆明，皆编发，随畜迁徙，毋常处，毋君长，地方可数千里。自嶲以东北，君长以什数，徙、筰都最大；自筰以东北，君长以什数，冉駹最大。其俗或士箸，或移徙，在蜀之西。自冉駹以东北，君长以什数，白马最大，皆氐类也。此皆巴蜀西南外蛮夷也。[2]

南中地区历来为夷帅、大姓所控制，成汉时期也是如此。最初，李雄为了攻占宁州，曾诱使建宁夷人讨伐南夷校尉李毅。而在大成政权发展兴旺的时期，也曾有"汉嘉夷王冲归遣子入质……建宁爨量蒙险委诚。其

1 《华阳国志》卷4《南中志》，第229页。

2 （汉）司马迁：《史记》卷116《西南夷列传》，中华书局，1959，第2991页。

余附者日月而至"[1]情况出现，这给东晋政府带来很多麻烦，直接导致东晋宁州刺史无力抵御，改以零陵太守尹奉代之。尹奉到任后改行"以夷制夷"的对策，以重金招募徼外夷刺杀了爨量，才使宁州地区趋于稳定。可见大成国统治者很早就与南中夷人有所联系，但此时双方仍是相互利用的关系，李氏借夷人之手祸乱南中，给自己南下创造条件，夷人则借大成国名号执行自立的企图，如叛乱的爨量原即为东晋梁水太守。

大成政权在玉衡二十三年（333）彻底占据牂柯之外的南中之地，又派遣李班讨平宁州不顺从的夷人。但大成在南中的统治并不稳固，这应该与其政策有关。史载"南中初平，威禁甚肃。后转凌掠民。秋，建宁民毛衍、罗屯等反，杀太守邵攀。牂柯太守谢恕举郡为晋。寿讨破之"[2]。而随后即有分宁州置交州，以霍彪为宁州刺史、爨深为交州刺史之举，其中霍彪原为东晋建宁太守，爨深为南中夷人大姓。此后又曾分宁州

---

1 《华阳国志》卷9《李特雄期寿势志》，第485页。
2 《华阳国志》卷9《李特雄期寿势志》，第492页。

置汉州、安州。由此可以推断，大成最初应该在南中
地区派驻了自己的军队和地方官员，这些人对南中地
区采取了较为严酷的掠夺政策，直接导致叛乱的发生，
迫使大成转变对策：一方面，分解宁州，以便于管理；
另一方面，改以宁州大姓、夷帅出掌地方，以安南中
人心。这也可以从南中地区地方官吏的人选看出，南
中地区在成汉时期有宁州、交州、汉州、安州等，但
最主要为宁州，所见历任宁州刺史为任回、李寿、李
权、霍彪，其中任回、李寿出任宁州刺史之时大成国
尚未取得南中之地，故仅为虚授。李权、霍彪则是实
际控制宁州，霍彪即原为宁州地方官。而宁州州治建
宁郡，历任建宁太守为邵攀、孟彦，邵攀为大成国将
领，但被建宁民所杀，后任孟彦则为南中大姓。此外，
在南中地区分化出的交州、汉州、安州，交州刺史即
为南中夷帅，其他两州不见具体刺史人选。可见成汉
在南中的管理仍然与蜀汉时期相似，即基本承认大姓、
夷帅的统治权，自己仅获取其顺服。

　　总的来看，成汉南中地区还是比较安定的，仅有
玉衡十三年（323）越巂斯叟叛乱出现，到玉衡十六年

被平定后即基本稳定，尤其是在更换地方官吏以后。

　　成汉国内另一影响较大的少数民族群体是僚人。史书对其记为"蜀土无僚，至是始从山出，自巴至犍为、梓潼，布满山谷，大为民患。加以饥馑，境内萧条"[1]。其人数有十余万落，势力很大。对于巴蜀地区原本是否有僚人，南方北上的僚人数量、路径、分布等问题，学术界颇多争论，在此不再赘述。[2] 这里要探讨的是，僚人在成汉时期应该已经长期隐伏于山中，到汉国末年，随着国家衰落，对地方的控制力减弱，且缺乏劳动力，僚人于是自山中涌出并遍布巴蜀各地，造成巴蜀地区民族矛盾的尖锐化，并且这种影响一直延续到唐宋时期，其间历代均不断有僚人参与的巴蜀地方叛乱出现，是知成汉政权实为这一长期民族问题的肇始者。[3]

1　《华阳国志》卷9《李特雄期寿势志》，第510页。

2　参见高然、杨鑫《建国以来的巴蜀僚人研究》，《西华师范大学学报》（哲学社会科学版）2016年第6期。

3　参见高然、杨鑫《晋唐巴蜀僚人与区域政区》，《西南民族大学学报》（人文社会科学版）2018年第12期。

此外，成汉境内应还分布着其他众多少数民族，但基本不见于史籍记载，应与魏晋以来的情况变化不大，不再赘述。

　　而成汉整体民族关系相较于其他十六国政权来说是比较好的。记载中并不见压迫性的民族政策，以及此时期常见的"胡汉分治"，在很长一段时间里民族矛盾并不突出。究其原因，主要是巴蜀南中地区的整体民族分布格局、关系结构较魏晋没有大的变化，李氏集团沿袭魏晋以来的地区统治，并不需要特别的民族政策调整。直到末年各种原因导致僚人大量涌入巴蜀腹地，才导致民族矛盾尖锐化。[1]

1　成汉民族关系问题另可参见王晴晴《论成汉政权及其民族关系》，《赤峰学院学报》（汉文哲学社会科学版）2016 年第 5 期；任艺《成汉国史初探》，硕士学位论文，西北大学，2018。任艺文中认为成汉也有"非我族类，其心必异"的心理，但所举为李期"多所诛夷"，以此"夷"为"夷人"，有误，此处明显应为杀、灭之意。

成汉政权兴亡原因及其历史影响

〖第七章〗

成汉国家以外来流民集团崛起建国，于巴蜀之地立足数十年，其间虽无大的拓展，但也一度在西部政局中举足轻重，而且经营巴蜀数十年，对区域社会历史发展产生了或直接、或间接的影响，其兴亡原因、特点与历史影响等均值得深入分析。

一　兴亡原因

1. 成汉国家兴起原因

　　对于李氏在巴蜀地区的兴起，吕思勉认为："巴氏之乱，原因有四：关西丧乱，不能绥抚，听其流移，一也。流人刚剽，蜀人软弱，主不制客，二也。一统未久，人有好乱之心，三也。兵力不足，指挥不一，四也。"[1]但仍

1　吕思勉:《两晋南北朝史》，上海古籍出版社，2005，第 75 页。

有可论之处，以下再进一步加以分析。

（1）外部因素

李氏所领导的流民集团能够割据建国，首先得益于西晋末年的整体环境因素。

其一是西晋西北地区有秃发树机能叛乱，自西晋泰始六年（270）延续到西晋咸宁五年（279）十二月斩秃发树机能，河西、陇右各族均被卷入，历十年之久，给西北局势混乱埋下了伏笔。此后仅过了十余年，到西晋元康四年（294）又爆发匈奴人郝散在谷远（今山西长治市沁源县）的起义。郝散死后两年，郝散弟弟郝度元又于元康六年组织羌胡起兵，推氐帅齐万年为帝。元康七年正月，齐万年击杀大将周处，关中守将逃窜。七月，秦、雍二州即爆发旱灾、疾疫。叛乱直到元康九年正月才被西晋平定。这一系列的少数民族起义搅乱了西北的局势，尤其是齐万年起义，直接促使六郡流民南下入蜀。而面对恶劣的形势，六郡流民在入蜀过程中以乡里为基础被迫团结在一起。在这种情况下，原本即为乡里豪强的李氏兄弟脱颖而出，以其"好济人之难，州党争附之。与六郡流人避难梁、益，道路有饥病者，庠常营护隐恤，振施穷乏，大收众心"[1]，奠定了成汉国家的统治基础。

其二是紧随齐万年起义而来的八王之乱全面激化，导致西晋统治集团爆发内乱。西晋永康元年（300），贾后废杀太子司马遹，赵王司马伦又杀贾后，从而引发八王之乱走向全面激化。各方镇宗王为了争夺中央统治权而相互征战，引边郡少数民族参战，随之而来的胡羯在北方搅动政局，导致局势日趋失控。一方面，西晋核心力量集中于中原争霸，无暇顾及巴蜀边陲的动荡；另一方面，西晋对各地的控制力减弱，尤其在西南地区的调度力量不足。如李氏流民集团攻杀赵廞后，罗尚以益州刺史身份入蜀之时率兵七千余人，此后直到退出益州的几年间，从西晋获得的军事支持较为有限。从整个形势来看，军事支持主要来自三个方向。一是梁州的军事力量，罗尚曾求援于梁州，此后新任梁州刺史许雄曾派兵进攻李特，但遭遇失败，坐"讨贼不进"，征即罪。可知梁州军事力量并没有过多

---

1 （唐）房玄龄：《晋书》卷120《李特载记附李庠》，第3031页。

地投入益州。二是荆州的军事力量，西晋朝廷曾派遣荆州刺史宗岱等率水军三万人救援罗尚，力量较为强大，但此后因宗岱死，荆州军退，又逢荆州义阳蛮张昌、流民叛乱，荆州再无力支持益州。三是宁州的军事力量，罗尚曾求救于南夷校尉，南夷校尉遣兵五千帮助罗尚，但并未见到这支军队发挥太多作用。除了以上三方面的军事力量支援外，尚有来自河间王司马颙的支援。司马颙曾派遣督护衙博讨伐李特，但被击败，此后不见进一步的军事行动。以上即为西晋在益州动荡过程中的全部外部军事支援，其没能更大规模地组织军事力量应该是受到了自身矛盾激化的影响，这些给了李氏集团发展的空间和时间。

其三是东晋初年连续的政治动荡，如王敦、苏峻、祖约等的叛乱争权，使荆扬地区始终较为混乱，也牵制了东晋的精力。

其四是巴蜀地区自身环境较为封闭，易守难攻、物资丰富，也给了进入巴蜀地区的庞大流民集团以机会。史载"蜀地沃野千里，土壤膏腴，果实所生，无谷而饱。女工之业，覆衣天下。名材竹干，不可胜用。

又有鱼盐银铜之利，浮水转漕之便。北据汉中，杜褒、斜之涂，东守巴郡，拒扞关之口，地方数千里，战士不下百万。见利则出兵而略地，无利则坚守而力农。东下汉水以窥秦地，南顺江流以震荆、扬，所谓用天因地，成功之资也"[1]。最初流民集团入蜀时，西晋朝廷即曾有不令其入剑阁的考虑，可知因巴蜀险要，西晋也对大批流民涌入蜀地可能带来的危险有所顾忌。而流民集团得以进入蜀地之时，又有"（李）特至剑阁，顾盼险阻，曰：'刘禅有如此地而面缚于人，岂非庸才耶！'"[2]的感叹，可见益州地区地理条件之优越。西晋没能够组织有效的军事力量入蜀打击流民集团，除了前述的内乱影响之外，益州自身这种易守难攻的地理环境也应是重要原因之一。此后北方的割据力量、南方的东晋在很长一段时间内没有对成汉有大规模的讨伐举动，也与其易守难攻的地理优势有关。

其五是自赵廞在益州地区发动内乱，益州地区征

1 （东汉）刘珍等：《东观汉记校注》卷21《公孙述载记》，中华书局，2008，第910~911页。

2 （宋）李昉：《太平御览》卷123《偏霸部七·蜀李特》。

战不休，导致巴蜀地区人口外流。如李流时曾有"蜀民皆保险结坞，或南入宁州，或东下荆州，城邑皆空，野无烟火"[1]的情况出现，这种情况直接导致巴蜀地区自身实力减弱，对流民集团的抵御能力降低。当面对流民集团凝聚在一起的强大军事压力之时，只能依靠益州地方官所具有的军事力量与之对抗，自身除了少部分人能够据险结坞堡自保之外，根本无法组织起能与之对抗的力量，这也是六郡流民集团能够在益州发展、壮大、建国，并控制蜀人的原因之一。

其六是巴蜀地方土著地主多谋求自保，故在各方力量对决中往往并没有很强的西晋国家观念，而是倾向于对自身有利的一方，导致李氏流民集团能够有回旋的余地。如李特占据上风时，即有"蜀民相聚为坞者，皆送款于特，特遣使就抚之；以军中粮少，乃分六郡流民于诸坞就食。李流言于特曰：'诸坞新附，人心未固，宜质其大姓子弟，聚兵自守，以备不虞'"[2]，

1　（宋）司马光：《资治通鉴》卷85，第2682页。
2　（宋）司马光：《资治通鉴》卷85，第2677页。

是知蜀地坞堡摇摆不定的情况，以及李氏集团对其的认识。此后西晋调遣荆州水军三万进入益州救援罗尚，因荆州"军势甚盛"，诸坞堡"皆有贰志"，改与罗尚一方相约，在此后罗尚进攻李特之时，果然"诸坞皆应之"。此后李流势大，又有"三蜀百姓并保险结坞"。而坞堡组织中最为著名的是范长生一支，其与流民集团的结合亦有机缘巧合的意味，史载其过程：

> 涪陵人范长生率千余家依青城山，尚参军涪陵徐轝求为汶山太守，欲要结长生等，与尚掎角讨流。尚不许，轝怨之，求使江西，遂降于流，说长生等使资给流军粮。长生从之，故流军复振。[1]

范长生的支持是流民集团发展的重要转折，而其之所以在此关键时刻支持李流没有明确的记载，但从当时形势来看应该有两方面的原因。一方面，李流虽然一时处于劣势，但流民集团对策转变以后相对于

---

1 （唐）房玄龄：《晋书》卷120《李流载记》，第3030页。

盘剥地方的罗尚来说要好得多，同时，六郡流民作为外来人势力集团，于巴蜀立足对本地大族豪强更为依赖，故从各方面考虑，六郡流民集团更为符合巴蜀土著的利益需要。另一方面，范长生与李氏賨人有着乡里、宗教上的联结纽带，这也赋予了双方天然的合作基础。[1]

其七是益州地方官吏内部的不团结。益州乱局最初起自赵廞火并成都内史耿滕、西夷校尉陈总，此后流民集团与赵廞的决裂其实也是益州地方官署内部的分裂。罗尚进入益州后，其集团内部意见也多不统一。先有王敦、辛冉等在对待李特兄弟态度上与罗尚出现分歧，此后李苾、辛冉又有"罗侯贪而无断……宜为决计，不足复问之"[2]的看法，可见益州州、郡长官在事情决断上的矛盾。罗尚作为益州最高长官并无绝对权威，这就直接导致其在很多时候调度不灵，难以发挥最大的力量打击流民集团。

1　按：参见本书第六章第二节"成汉文化教育"中的相关讨论。

2　（唐）房玄龄：《晋书》卷120《李特载记》，第3026页。

其八是西晋一方在一些关键决策上的失误，这既包括西晋中央政府的，也包括益州地方军政长官的。从中央政府来看，最初朝廷坚决不许六郡流民入蜀，但当侍御史李苾受流民贿赂以后，即转而说服朝廷纵流民入蜀，结果导致流民"不可禁止"。此后赵廞为了借重六郡流民而纵容李特等人逐渐坐大，但随即又因李庠骁勇而杀之，导致李特集团与之决裂，带来杀身之祸。而罗尚入蜀时对李特等的威胁极大，李特等人十分恐惧罗尚，这本来是一个一举解决流民首领从而消除流民隐患的好机会，但罗尚对他人建议没有听从。此后六郡流民在朝廷命令下准备迁回河陇地区，结果因为辛冉等与流民发生矛盾、贪图流民财物等而对流民逼迫太急，最终导致六郡流民被迫集中在李氏一族周围。因此，从上到下的一系列决策失误是六郡流民日趋独立并壮大的重要原因之一。

（2）内部因素

在受到一系列外部因素影响的同时，流民集团内部的一些有益因素也是其成功的关键。

其一是自身军事力量的强大。六郡流民入蜀有十

余万口，从其构成来看应该包括六郡编户民与河陇氐
羌民，但最初应多是普通农民，并无太多军事素养。
此后李特等在流民中招募大批军队，并在数年间经历
大小数十战。因李氏所领导军队主体只能来自六郡流
民，故这一军事集团在不断的战争中得到反复历练，
其军事素养应该随之不断提升。另外，流民军也面临
更为严峻的生存压力。作为流徙到巴蜀地区的外来人，
流民军与巴蜀土著大族豪强、益州地方官均有所不同，
既不如益州土著有其地方利益，且能为各方所借重，也
不如益州上层官吏可以"进退自如"，反而要在各方压
力下随时面临生死存亡，由此导致其更为团结紧密、作
战勇敢。军事力量的出色是六郡流民集团能够在与巴蜀
地方军政官员的斗争中获取有利局面的保障。

　　其二是流民集团在一些关键性的政策抉择上判断
准确，给了自身发展较好的导向。流民集团在发展建
国过程中对巴蜀地域、巴蜀社会的态度，施行的政策，
以及自身去向的抉择均不断地发生变化。最初来到巴
蜀地区的流民集团仅仅将这里作为一个临时渡过难关
的地点，迫于生计而为巴蜀土著佣耕，当河陇局势缓

解、政府要求流民回归故里的时候，流民也只是以没有行资为由请求延期到秋收以后，可知其去意比较坚决。同时，李特兄弟也是如此。其聚众对巴蜀民众进行劫掠，以及攻陷成都以后的大规模劫掠等行为直接导致了其与巴蜀民众矛盾尖锐，明显是在以一种流寇的心态看待巴蜀社会，而不是准备长居于此。此后，当李辅从略阳老家带来中原大乱、无法安居的消息之后，李特马上转而寻求立足巴蜀，一方面将六郡流民完全聚集在自己周围，另一方面也开始改善与巴蜀民众的关系，"约法三章"，为自己奠定好统治基础，明显是从流寇心态转变为统治者的心态来看待巴蜀社会了。此后，又有李流、李雄在关键时刻选择与巴蜀最具影响力的范长生集团合作，李雄对范长生极为推崇以安巴蜀人心等行为。

建国后，李氏也实行了一系列有益的措施。一方面，轻徭薄赋、招徕流民，对投附的人口多行复除，在恢复和发展巴蜀经济方面起到了积极的作用。另一方面，李雄等发展文化教育，也使其能够拉近与巴蜀士族的文化距离。另外，他在对外交往上也利用当时各政权不同的利益需求所在，为自身谋得较为宽松的外部环境。

其三是李氏家族个体因素。李氏家族拥有各方面优秀能力。首先，李氏家族中的李特兄弟五人均为骁勇善战之人，这是其在乱世能够立足的基本条件，为其在此后的一系列战争中走向强大提供了保障。其次，其家族具有较好的管理能力和谋略。李氏家族人物在早期的河陇发展时期即多出任基层官员，虽然多以自身勇武而出任军事职官，但几代人的基层任官经历必然能够培养家族人物的管理能力，并且使其能够亲近基层民众，获取其拥护，如李庠即有"州党争附之"的情况。此后，这种乡里责任在流民迁徙过程中更为突出地表现出来，李氏家族即因为对六郡流民的济危救困行为而"大收人心"，从而与六郡流民构建了更稳定的关系，而这种关系也在此后的发展过程中不断得到加强。如李氏家族为流民的迁徙问题不断地向罗尚请求延期，又伪造辛冉悬赏内容以渲染流民与罗尚的矛盾，迫使流民归附自己，使其统治基础日趋稳固。此后的一些策略选择、诸多战役的胜利也充分表现出了李氏家族自身的管理能力以及战争谋略[1]，这些是其长久发展的保障。最后，李氏家族自身的文化素质为其发展提供了帮助。一者，李氏家族人物的汉文化水平较高，这使其能够与巴蜀士族及周边政权对话，而忽略其少数民族属性。二者，李氏家族身上的道教文化色彩也在一定程度上为其与范长生集团的合作奠定了基础。

2. 成汉国家衰亡原因

（1）自身地域限制与外部环境变化

成汉国家虽然地势险要，并且物产丰富，但终究疆域狭小，在一定条件下守则有余、攻则不足，而当内外条件转化之时即难以再保证国家安全。且成汉虽然名义上统益、梁、宁等州，但实际上控制最为稳定的核心区域仅为益州一地。梁州主要作为抵御东、北方向进攻的前沿要地，军事用途更为明显。宁州所在南中地区则更为特殊，虽然李氏在其地设官置守，但从人员上看主要为南中地区夷帅、大姓，故基本是承认了其在宁州地区的实际控制以

1　按：参见本书第二、三、四章成汉国家发展史相关内容。

换取其臣服而已，与此前蜀汉的情况大致相似。在
这种情况下，成汉所能调动的各种资源其实极为有
限。加之蜀地居民在战争中大量外流，虽然成汉君
主大力招徕流民，努力恢复经济，但在当时动荡局
势中的实际效果也难以尽善尽美。故此，成汉国家
很多时候要受到外部环境的制约：当外界长期征战
之时，各方均无暇顾及，或无力组织大规模进攻之
时，各方多需要借助成汉袭扰、打击对方，成汉便
能够利用南北局势来为自身谋利，并借以努力发展
自己。如最初西晋内乱即无暇顾及巴蜀局势，此后
大量流民南迁、东晋在艰难中建国，北方胡羯忙于
平定中原，均给了成汉发展的机遇。但当南北格局逐
步稳定，东晋在各方面走上正轨之后，便开始寻求攻
取上游益州之地。再加上李寿即位后对南中地区大姓
夷帅压迫加剧，导致其相继叛离成汉，偏安于益州狭
小区域内的成汉便无力抵御外部的征伐了。[1]

---

[1] 南中与成汉灭亡关系参见赵晨韵《论南中大姓夷帅对成汉政权
的影响》，《德宏师范高等专科学校学报》2018 年第 4 期。

（2）内部权力结构的不合理

李氏作为一个具有一定"蛮夷"特征的"外来集团"，如何平衡巴蜀区域内各方关系并构建其政权是成汉国家兴亡的关键。学术界多认为李氏与巴蜀土著地主是联合关系。[1]但近年亦有学者持不同观点，如张晓莲认为成汉统治者为了缓和与巴蜀士族的矛盾，以范长生号召蜀人。但李氏政权核心是以李氏为首的六郡大姓，巴蜀士族不可能获得应有的位置。大多数巴蜀士族与这个政权是不合作的。成汉时期巴蜀士族落势，发展受到限制。[2]张炜《试论成汉政权灭亡的内部原因》一文即认为成汉政权灭亡的根本原因在于李雄之后的几任统治者都未能处理好皇权和大族的关系，随李寿

1　郑欣《西晋末年的流民起义》（《魏晋南北朝史探索》，山东大学出版社，2009，第114~115页）认为，随着越来越多的土著地主加入成汉统治集团，成汉政权逐渐蜕变为流民中的大姓与四川土著地主联合专政的封建割据性质的政权。李绍先《成汉古巴蜀开发历史略论稿》（《德阳教育学院学报》2001年第4期）认为成汉中央政权组成除以李氏为代表的六郡势力外，还有以范长生为代表的益州门阀，这两大集团的合作才是成汉政权核心所在。
2　张晓莲：《试论魏晋时期的巴蜀士族》，《川东学刊》（社会科学版）1998年第4期。

起事的一群僚佐占据了其中的重要位置，其中又以李寿的亲戚为主。失去了六郡大族的支持，又得不到巴蜀土著的认可，人心不附，东晋大军一到，这个政权也就迅速瓦解了。[1] 杨诗奇认为六郡豪酋与巴蜀大族间的斗争贯穿始终，但总体由对立向合作演变。流民入蜀初期，是侨旧矛盾最为外显、斗争最为激烈的时期。巴蜀土著在侨旧争斗中无力与流民抗衡，流离于外者甚多。流民在此期间逐渐联合，形成秦雍六郡流民集团。李雄统治成汉时，政权核心被六郡流民大姓掌握。为稳定局势，李雄对土著采取了"尽力笼络、不予重用"的政策，侨旧关系有所缓和。李雄死后，流民集团经过李班、李期统治时的内部混乱，实力大不如前，土著乘此而起，地位逐渐上升。至李寿联合土著杀李期而僭位，成汉终变为侨旧联合统治的政权。此时期不仅仕于成汉的土著增多，还不乏受李寿信赖的实权人物。侨旧关系虽大体按此趋势演变，斗争与联合却

1　张炜:《试论成汉政权灭亡的内部原因》,《河北经贸大学学报》（综合版）2010 年第 3 期。

始终交织存在。在侨旧矛盾尤为突出的流民入蜀初期，李特等曾与以赵廞为代表的巴蜀大姓集团合作，但因侨旧矛盾导致合作破裂。李寿统治时期，侨旧合作虽已成为主流，但双方在是否对晋称藩的问题上存在巨大分歧，因此成汉朝中分为主张自立与决意称藩两派，争斗不休。在成汉存续期间，侨旧矛盾并未消弭。流民侵占土著故土，掠夺劳力，剥夺了巴蜀大姓原有的政治权利。流民为稳固在巴蜀地区的统治，对巴蜀土著多有防备。这些无法调和的矛盾，致使侨旧合作关系极为脆弱，李寿以称藩于晋作为许诺，才得巴蜀大姓相助。至桓温来袭，土著更积极劝降投晋，成汉亦因此灭亡。[1]

张、杨二人对于六郡流民与巴蜀土著之间矛盾关系的说法是较为正确的，但在一些具体问题上仍有可论之处。在此就李氏家族婚姻网络与成汉权力归属、流民集团与蜀人关系、李氏集团自身稳定性等三方面

1　杨诗奇:《成汉政权侨旧关系演进研究》，硕士学位论文，扬州大学，2018。

进一步探讨成汉国家权力构成对其灭亡的影响问题。

a. 李氏家族婚姻网络与成汉权力归属

对于李氏家族的婚姻关系，史籍记载不多，从附录二中的梳理情况可以看到，李特、李特子李荡妻均出自罗氏，李雄妻任氏，李荡子李稚妻昝氏，李雄子李期妻阎氏，李骧妻昝氏，李骧子李寿妻阎氏（后娶李凤女），李寿子李势妻李氏，李特妹夫为李含，李寿妹夫为任调，婚姻对象集中在罗、任、昝、阎、李五姓，这五大姓氏的出身是有迹可循的。《华阳国志》中提到有"六郡大姓阎、赵、任、杨、李、上官及氏叟梁、窦、符（苻）、隗、董、费等"[1]，而在《资治通鉴》胡注中又提到"板楯蛮渠帅有罗、朴、督、鄂、度、夕、龚七姓"[2]，则以上几姓全包括在其中，可知其均应出自与李氏同迁到六郡的寅人豪酋或原本居于六郡的大姓。从这可以看到，李氏家族在婚姻网络中实际将蜀地大族排斥在外了。

---

1 《华阳国志》卷 8《大同志》，第 453 页。

2 （宋）司马光:《资治通鉴》卷 67，第 2139 页。

进一步来说，附录三所列成汉政权出任各种职务
诸人——尤其是较为核心职位者以两种情况居多：一
是李氏家族人物，此不必赘言；二是前面提到的賨人
豪酋诸姓及六郡大姓。[1] 故此，成汉政权的实际权力是
严格控制在李氏家族及六郡流民集团手中的，这又使
巴蜀大族在政治权力构成中基本被排除在外了。[2]

李氏集团这种在婚姻网络和政治权力分配上较为
封闭的状态与其发展经历有关。李氏家族虽然出身于巴
西宕渠（今四川达州市渠县东北），但在入蜀之前经历
了数次迁徙：第一次为汉末张鲁据汉中（今陕西汉中市
东），李氏家族自巴西迁入此地，时间大约在 2 世纪末；
曹操攻取汉中（215）以后，李氏家族又被迁移到略阳
临渭（今甘肃天水市东北），在此生活近一个世纪；到
了西晋末年齐万年起义之时，李氏家族开始第三次迁徙

---

1 按：其中有很多未记载籍贯的情况，但多属于前引两书记载各
姓，因此出身为賨人豪酋诸姓及六郡大姓的可能性很大。
2 按：最为有名的蜀地大族范长生虽然在成汉政权中职位尊崇，
但从史籍记载中是看不到其实际施政行为的，可知范长生更多应
是一种"象征性"存在，有地位无实权。此后到李寿时期巴蜀士
人更多进入汉权力核心，但实际情况较为特殊，详见后论。

第七章
成汉政权兴亡原因及其历史影响

（298），由此进入巴蜀地区，走上建国之路。从这个过程来看，李氏家族在略阳地区生存时间最长——将近一个世纪，因此关陇地区的经历对其影响最大。其各种文化特征的变化可参见本书第六章"成汉社会经济、文化与民族"相关论述，在此不赘。总之，李氏家族在经历关陇地区近百年的发展之后，原本的巴西郡籍贯特征已经淡漠，自身賨人少数民族文化特征也在减弱，与之相伴的是与六郡大姓日趋紧密的联系[1]，这也是李氏婚姻网络与成汉政权集中于此的重要原因之一。

而杨诗奇研究中提到成汉后期六郡豪酋与巴蜀大族之间关系变化，认为李寿举兵政变，巴蜀大姓成为支持李寿的力量，作为回报，李寿自然厚待其人。而成汉宗室内耗导致人才缺失，以及李寿对李雄旧臣的猜忌，也为巴蜀大姓地位上升提供了条件。李寿、李

---

[1] 相关研究可参见本书第六章"成汉社会经济、文化与民族"中所论。又如，赵廞拉拢李特流民之时，《晋书》《资治通鉴》记载其根源之一为巴西（治今四川阆中）同郡人——"特之党类皆巴西人，与廞同郡，率多勇壮，廞厚遇之"，强调了（转下页注）

势时期，成汉已转变为侨旧联合执政的政权。[1]但对于李寿时期开始的双方合作，似乎更应该解释如下：虽然李寿时期巴蜀土著开始进入统治核心，但这其实源自李寿将自身的府属官僚系统直接移植于成汉中央。成汉政权在早期六郡人把控中央、地方核心军政大权的同时，府属参佐、下层官吏等则用本地人，一方面借其基层影响力稳定统治，另一方面也是魏晋以来地方官吏任用传统。李寿利用了自身府属系统中的巴蜀人士，以获取叛乱的资本，但此后仍能看到双方理念上的根本分歧。李寿以后的巴蜀土著表面上似乎有了更多的话语权，但李寿等也逐渐看到了巴蜀地主与自己的距离，对其采用了忽视、屠杀等方式加以打击，

（接上页注）籍贯因素。但《华阳国志》中记为"以李特弟庠为六郡人，勇壮，厚恤遇之"，明确指出赵𢱢利用李氏的原因是能掌控六郡流人、勇武善战，明显更为贴近当时的情况，可见前论。此外，周一良《魏晋南北朝史札记》（中华书局，2007）"徙民与流民"条中亦指出六郡流民实为李氏割据益州的依靠力量（第112页）。其他学者研究亦多持此论，可参看。

1　参见杨诗奇《浅论成汉后期的侨旧斗争》《安徽文学》（下半月）2017年第1期；《成汉政权侨旧关系演进研究》，硕士学位论文，扬州大学，2018。

巴蜀土著并没有发挥更多的作用。故二者绝非关系对
等的合作统治，不能顺应李寿意图的巴蜀土著终究处
于一种边缘化的位置。

b. 流民集团与蜀人关系

李氏集团在事实上排挤了蜀地大族，但作为一个外
来流民集团，这种行为是有极大弊端的，李氏集团这么
做必然有其不得已的理由。杨诗奇认为六郡流民集团与
巴蜀土著之间的矛盾斗争，原因在于：一是双方存在经
济上的矛盾；二是六郡之人与巴蜀大姓性质不同，政治
立场不同，双方斗争不歇。李氏为僭逆之臣，六郡大姓
附逆作乱，如若归晋，便受制于人甚至性命不保。巴蜀
大姓则不然，迫于无奈依附成汉，归晋更有劝降之功。
此外，双方在晋之地位亦不同，六郡流民首领虽称大
姓，但在晋不为重视，为官多品级低下官吏，巴蜀大姓
则为一方之望。[1] 而从相关记载来看，流人集团对蜀地、
蜀人长期摧残的经历亦是重要原因之一。

1　杨诗奇：《浅论成汉后期的侨旧斗争》，《安徽文学》（下半月）
2017 年第 1 期。

成汉国史

李氏流民集团进入蜀地，西晋地方官归结了其两方面的特征：一是少数民族属性，如赵廞长史杜淑、司马张粲曾说李氏"非我族类，其心必异"[1]；二是强调其流寇属性，如王敦、辛冉对罗尚说李氏"专为盗贼"[2]。而李氏作为一个外来的、带有一定"少数民族属性"的流民集团，给蜀地、蜀人带来了巨大的伤害。

李氏最初并不安于留在巴蜀是比较清楚的，故在最初多行抄掠、杀戮。如永康元年（300）李特等被赵廞拉拢为爪牙，"（李）特等凭恃廞势，专聚众为盗，蜀人患之"[3]。永宁元年（301）正月，李特等与赵廞决战，"特至成都，纵兵大掠，害西夷护军姜发，杀廞长史袁洽及廞所置守长"[4]等，其流寇属性是比较明显的。这一行为导致了"蜀民皆保险结坞，或南入宁州，或东下荆州，城邑皆空，野无烟火"[5]，其中仅向东流亡到荆州的

---

1 （唐）房玄龄：《晋书》卷120《李特载记》，第3023页。

2 （唐）房玄龄：《晋书》卷120《李特载记》，第3025页。

3 （宋）司马光：《资治通鉴》卷83，第2647页。

4 （唐）房玄龄：《晋书》卷120《李特载记》，第3024页。

5 （宋）司马光：《资治通鉴》卷85，第2682页。

就有"十余万户"[1]，这样必然导致李氏集团与巴蜀各阶层结怨。周蜀蓉即指出，数十万巴蜀之民向外流徙，是由秦雍六郡流民与巴蜀民众之间的尖锐矛盾引起的。[2]

直到永宁元年（301）九月，"（李）特兄辅素留乡里，托言迎家，既至蜀，谓特曰：'中国方乱，不足复还。'特以为然，乃有雄据巴蜀之意"[3]。此事才是李氏从"打家劫舍"的流寇转而准备割据一方的转折点。紧接着，十月，李特即"与蜀人约法三章，施舍振贷，礼贤拔滞，军政肃然。百姓为之谣曰：'李特尚可，罗尚杀我'"[4]，使"蜀民大悦"。从表面上看，李特集团已经重获蜀人之心，但应是溢美之词居多，其中更多是"两害相权取其轻"的情况。如太安二年（303）正月，李特势力大涨，才有"蜀郡太守徐俭以少城降，特入据之，惟取马以供军，余无侵掠……蜀民相聚为坞者，

1　（宋）司马光：《资治通鉴》卷85，第2695页。

2　周蜀蓉：《成汉前期巴蜀之民外流及其影响》，《成都大学学报》（社会科学版）2004年第1期。

3　（唐）房玄龄：《晋书》卷120《李特载记》，第3025页。

4　（唐）房玄龄：《晋书》卷120《李特载记》，第3027页。

皆送款于特，特遣使就抚之"[1]，可以看到李特策略的转
向是有一个较长过程的。但蜀人此时仍多为观望状态，
紧接着就发生"（宗）岱、（孙）阜军势甚盛，诸坞皆
有贰志。……二月，尚遣兵掩袭特营，诸坞皆应之，
特兵大败"[2]之事。而在李流准备投降之时，李离、李
雄等说服流民之时又提到："吾属前已残暴蜀民，今一
旦束手，便为鱼肉，惟有同心袭阜以取富贵耳！"[3]以此
获得流民的支持。可知流民与蜀人的矛盾是尽人皆知
的，并不是简单的、短时期内所能弥合的。直到获得
范长生支持，李雄称帝实行惠民政策以后，这一情况
才有所好转。[4]当时已经是"三蜀民流迸，南入、东下，

1　（宋）司马光：《资治通鉴》卷 85，第 2677 页。

2　（宋）司马光：《资治通鉴》卷 85，第 2678 页。

3　（宋）司马光：《资治通鉴》卷 85，第 2679 页。

4　关于范长生与李氏关系，可参见本书第六章第二节"成汉文化
教育"中所论，及唐长孺《范长生与巴氏据蜀的关系》，《历史研
究》1954 年第 4 期；刘九生《巴賨建国的宗教背景》，《陕西师范
大学学报》（哲学社会科学版）1986 年第 1 期；段玉明《范长生与
巴氏据蜀关系再探》，《云南教育学院学报》（对外汉语教学与研究
版）1989 年第 3 期；曾维加《賨族与道教及大成国的关系探析》，
《中南民族大学学报》（人文社会科学版）2008 年第 1 期；等等。

野无烟火，卤掠无处，亦寻饥饿。唯涪陵民千余家在江西，依青城山处士范贤自守"[1]的危急形势了。

此后一段时间形势较为稳定，但李寿发动政变，攻克成都以后又纵兵大掠，"数日乃定"，虽然首当其冲者为李期集团的六郡流民大姓，但客观上仍难免波及巴蜀土著，是在不断加深李氏集团与蜀人的矛盾。对此，李寿集团曾有谋求改变的企图，最为明显的就是在自立称帝和尊晋之间的抉择。如龚壮在给李寿的建议中提到："巴、蜀之民本皆晋臣，节下若能发兵西取成都，称藩于晋，谁不争为节下奋臂前驱者！"[2]甚至在李寿称帝问题上，其核心班底内部发生了分裂。长史罗恒、解思明，部将李奕等主张降号为王，称藩于晋；妹夫任调、司马蔡兴、侍中李艳主张自立称帝。从身份上看，这些人都是李寿汉王时期的核心僚属，但其考虑则有不同的倾向缘由。任调等人的自立主张上承李雄等早已称帝数十年的基业，没有太多问题，罗恒等人的观点则更为可论：从当时形势来看，李氏

---

1 《华阳国志》卷8《大同志》，第465页。
2 （宋）司马光:《资治通鉴》卷96，第3016~3017页。

集团始终受到东晋、后赵等的压力，内部则需要弥合李氏集团与蜀人的长期矛盾，依靠东晋的号召力未尝不是一个很好的选择。[1]而且如此前提到杨诗奇所论双方经济矛盾、政治立场、社会地位等方面的因素，彭丰文又指出巴蜀大姓反对成汉是其正统观使然。由于中原之间的历史文化渊源密切，故巴蜀大姓的政治立场更为倾向于奉晋正朔[2]，等等，均与李氏集团无法闭合，也都使这场争论不可能向巴蜀土著所主张的方向发展。此后解思明、罗恒等人又多次提出这一主张，可惜不为李寿采纳，使李氏集团谋求转变的努力化为泡影。

另外，就以李寿集团中的主持归晋的重要核心人物龚壮来说，其人并非李寿汉王府属班底，而是后加入的巴蜀大族成员。龚壮本与李氏集团为世仇，其父亲、叔父均为李氏流民所杀，已立志复仇，但因为害

1　参见本书第五章第三节"成汉国家认同构建"中相关讨论。此外十六国初期的旗号选择，可参见蒋福亚《刘渊的"汉"旗号和慕容廆的"晋"旗号》，《北京师院学报》1979年第4期。
2　彭丰文：《从〈华阳国志〉看两晋巴蜀士人的民族观念与国家认同》，载《中国边疆民族研究》第六辑，中央民族大学出版社，2013，第8~16页。

怕被李寿杀害而成为李寿的智囊。可以说倾覆李氏政权是其重要目的之一，故有激发成汉内争、举地归晋的主张。李寿成功后以龚壮为太师，为龚壮拒绝，并对李寿赠遗一无所受，只居师友身份，实际表明了不食李氏俸禄的心理。而就龚壮也可见到了成汉中后期，虽然巴蜀土著与流民集团间表面上没有直接的冲突，但双方的积怨和分歧难以弥合，在巴蜀土著中如龚壮这种情况的人亦应不少，可以推知双方仇恨之深。

此外，到李奕起兵反对李势的时候，又有"蜀人多从之，众至数万"[1] 的情况出现。更为突出的是永和三年（347）成汉灭国以后，"隗文、邓定等立故国师范长生之子贲为帝而奉之，以妖异惑众，蜀人多归之"[2]。此时成汉刚刚灭国，隗文等起兵并未打出李氏旗号，而是选择范长生之子范贲为帝，并获得蜀人拥护，可见范长生父子在蜀人心中的影响力远大于李氏家族，李氏家族数十年的经营并没能弥合六郡流民与蜀人之间的矛盾。而

---

1 （宋）司马光：《资治通鉴》卷97，第3072页。
2 （宋）司马光：《资治通鉴》卷97，第3077页。

此后虽然有托名李势、李雄子叛乱者，但其时已在汉灭数十年后，是巴蜀土著地主与东晋政府矛盾上升，开始转而追思成汉李氏了，与此又有所不同。

总之，六郡流民与蜀人之间半个世纪的持续冲突，导致了相互间长期仇视与不信任，李氏集团由此发展成为一个相对封闭的集团，始终无法将蜀地大族很好地融合进自身统治集团之中。[1]

c. 李氏集团自身稳定性问题

李氏集团长期存在无法融合蜀地大族的问题，但更为致命的是其内部也存在不稳定因素。首先就是领导权继承原则的不确定。相关李氏流民集团、成汉国家继承制度不确定的讨论可见本书第五章"成汉政治"，在此不赘。

此外李寿"下书言与期、越别族，凡诸制度，皆有改易。公卿以下，率用己之僚佐，雄时旧臣及六郡

1　杨伟立《论李特起兵及其所建政权的性质》[《西南师范大学学报》(人文社会科学版) 1980 年第 2 期］一文也认为巴蜀地主在李氏入蜀后主要持首鼠两端的态度，而蜀中人民并不依附流民军，流入荆湘数万家。

士人，皆见废黜"[1]，"于是成都诸李子弟，无复秉兵马形势者"[2]。而李寿以自身僚属为核心，大力排斥六郡大姓的行为也给其统治带来危害。因为在这一过程中李寿并没能寻找到更为广阔的统治基础，其僚属的忠诚度又颇为可疑——尤其是在李寿违背初衷，没有尊晋而是选择自立称帝以后。如此前力主李寿降号尊晋的李奕，咸康四年（338）七月有"李奕从兄乾，与大臣合谋，欲废寿。寿惧，使子广与大臣盟要，为兄弟"[3]，背后很难说没有李奕的影响。而李乾等人以谋废立的罪行却丝毫没有受到追究，可知李寿为了巩固僚属班底而投鼠忌器的心态。更为奇特的是，李寿让儿子李广和众人盟誓、约为兄弟，则更表明李寿集团缺乏一个政权应有的严格规范化、制度化特征。此外，李寿甚至曾"许自牛鞞（今四川简阳市西北）以东土断与闳"[4]，要与功臣分土而治，被大臣劝阻。这导致李寿此

1　（唐）房玄龄:《晋书》卷121《李寿载记》，第3046页。
2　《华阳国志》卷9《李特雄期寿势志》，第500页。
3　《华阳国志》卷9《李特雄期寿势志》，第500~501页。
4　《华阳国志》卷9《李特雄期寿势志》，第501页。

后又在与东晋的战争中故意不增援李闳，使其覆没，借以解决分土的矛盾，造成了与李闳弟弟李艳等大臣之间的矛盾。以上各事表明李氏集团流寇作战时代的"平等"观念、依靠拟血缘关系维系统治的情况仍然存在，李氏家族与六郡大姓之间的关系缺乏严格的等级化、制度化规范。此后，李寿以各种原因诛杀亲旧僚属，使本就不稳定的统治集团关系更加分裂，是对其内部统治集团的一种自我瓦解。[1]

而严格来说，在制度体系的规范化方面，李氏集团也努力尝试过多次，但最终仍因缺乏实施的内外环境而收效有限。[2]

总之，这种统治集团内部的长期不稳定带来最直

---

1 按：李寿时期又有颁行"汉兴钱"的举动，房鑫、李怡然等以为："李寿为了证明自己的即位正统性，确定已登帝位这一既定事实，并且取代废帝李期的影响，从而颁行"汉兴"年号钱的举措就是应此情势而产生的。年号钱颁行成汉全国以后，李寿的影响力随着年号钱的流传而增加。或许在长久之后，李寿可以借汉兴钱的流传将他的篡夺之举被世人淡忘，并确立他在成汉国内的正统地位。"《历史上第一枚年号钱"汉兴钱"的产生考》，《学理论》2015 年第 6 期。

2 按：参见本书第五章"成汉政治"相关内容。

接的后果就是统治核心不断遭到冲击，最终使统治集团四分五裂。

综上，亦如许倬云提到统治核心"如果以为自我凝聚是为了保护自己，不断地保障自己团体成员的利益，以至于关闭门户，以这种方式自求永续，反而是自讨灭亡"[1]，李氏家族在经历长期的关陇生活之后，与六郡大姓形成了一个较为封闭的利益集团。与此同时，由于连续不断的战争，李氏集团与巴蜀大族成为对立面，相互之间的仇视和不信任使巴蜀大姓基本被排斥在统治核心之外。但李氏家族内部、李氏家族与六郡大姓的利益集团内部并不总是表现为稳定有力的状态。自身继承法则的缺失和谋求改变的失败使各种力量都在觊觎最高统治权，最终导致成汉政权立国根本——李氏家族与六郡大姓的利益共同体——的破碎。当统治者自身走向腐败奢靡的时候，成汉政权也就迅速衰败灭亡了。

1　许倬云:《许倬云说历史：大国霸业的兴衰》，上海文化出版社，2012，第10页。

（3）统治者的腐化

李氏集团最初以励精图治崛起，当局势走向稳定
之时，自身出现了腐败的情况。最早即有李雄卖官问
题的出现，但这时国家正处于上升期，李雄闻过则改，
没有带来过多的威胁。此后李期又志得意满，将国家
刑法、政事交给宠臣，导致国家"纪纲隳紊"，并且
对大臣多有诛杀，贪图其财物、妇女，已经显现出末
世之象。后来李寿夺权，最初多遵循李雄宽俭之政，
但也存在一些问题，如虽然表面上让臣僚上书进谏朝
政得失，但多不听从，对制度也多有改换。在了解后
赵石虎所为之后，又多有效仿：

> 会李闳、王嘏从邺还，盛称季龙威强，宫观
> 美丽，邺中殷实。寿又闻季龙虐用刑法，王逊亦以
> 杀罚御下，并能控制邦域，寿心欣慕，人有小过，
> 辄杀以立威。又以郊甸未实，都邑空虚，工匠器
> 械，事未充盈，乃徙旁郡户三丁已上以实成都，兴
> 尚方御府，发州郡工巧以充之，广修宫室，引水入
> 城，务于奢侈。又广太学，起宴殿。百姓疲于使

役，呼嗟满道，思乱者十室而九矣。其左仆射蔡兴切谏，寿以为诽谤，诛之。右仆射李嶷数以直言忤旨，寿积忿非一，托以他罪，下狱杀之。[1]

这一系列行为既失蜀人之心，也脱离六郡流民，最终导致内外矛盾激化。

此后，李势在即位后即诛杀最具才能的大臣解思明、马当等人，又骄奢淫逸、不理国政，"多居禁中，罕接公卿，疏忌旧臣，信任左右，谗谄并进，刑罚苛滥，由是中外离心"。最终，成汉在桓温大军压境之时迅速土崩瓦解了。[2]

二　成汉国家特点与历史影响

成汉国家存在于两晋十六国政权林立的时代，但又有一些与众不同的特点。对此，翁家烈总结成汉国

1　（唐）房玄龄：《晋书》卷 121《李寿载记》，第 3045~3046 页。
2　关于成汉政权兴衰原因，另可参见杨伟立《成汉史略》，重庆出版社，1983，第 76~96 页；赵俪生《"宗人"与"赍人"》，《历史教学》1954 年第 4 期。

家有六个特点。①建立时间最早。②南部唯一的地方政权。③其他政权之间大多相互争战、兼并，而成汉政权除与晋王朝及其州郡官兵长期进行争战，以及应对前秦的进犯外，未主动对其他地方政权发动兼并战争。④成汉政权尽管实行武装割据，但并未断绝与中央王朝的关系。李雄对东晋的言行在当时所有自称帝王之中是绝无仅有的。⑤关注社会稳定。李雄朝稳定平和的社会现象，就当时各地方政权攻杀连年、赋役频添的全国局势而论，十分难能可贵。⑥大规模移民。促进成都人口剧增、工商繁荣、城市建设的巨大发展，使成都日后历代一直居西南各城市的规模和地位之冠。当然大规模移民也造成一定弊端，埋下成汉政权走向衰亡的祸因。此外，移民政策还牵动僚人北移。[1]而日本学者三崎良章认为"李氏中的很多人成为州郡的属官，……李特集团及其发展的过程与当时活动于华北各地的地方豪族以及强势的地方官集团发动的叛乱更为相似"，"直到灭亡之际，这一政权始终没

1　翁家烈：《成汉政权及其族属》，《贵州民族研究》2006年第5期。

有摆脱作为豪族反叛集团或位于益州的一个流寓政权的性质"。[1]

但翁家烈所论很多并非成汉特有，如其中第三点对外战争问题，实为成汉不得已而为之，是其面对内部不稳定、外部强大国家压力的自保之道。第四点也并非成汉特有，十六国时期称王而又尊晋的也有很多，成汉称帝后几次表达与晋之间的关系，是有多方面的原因的，如与前凉之间是一种外交辞令，当然也有世为晋臣的情感。这在李寿时期也有种种争论，可见更多的是出自自身利益的现实考虑。而第五、六两点也是当时割据政权普遍存在的，各政权只要有条件即发展经济、向都城移民，均为乱世自保之计。

基于此，可以将成汉国家特点再次总结于下。

第一，建国时间最早。

第二，是南部地区唯一的少数民族割据政权。

第三，发展区域较为封闭，与北方很多政权能够

---

1 〔日〕三崎良章:《五胡十六国——中国史上的民族大迁徙》，商务印书馆，2019，第63、66页。

扩张、拓展较大疆域，不断相互吞并不同，其基本局限于益州地区，基本受自身力量、区域地理环境影响。

第四，对外施加影响的手段较为多样。分别采取了军事行动、外交往来，以及利用动荡局面中各区域流民、少数民族人群来影响周边地区的局势等，这是当时各国中少见的。

第五，国家发展分为两个阶段、使用两个国号，这种情况只见于匈奴汉赵政权，是在内政摇摆中支系宗室入掌大统造成的。

第六，带有流寓政权属性。

成汉国家于巴蜀地区发展建国历半个世纪，对当时社会各个方面均产生了一定的影响，以下分别对其加以分析。

外部影响。成汉居巴蜀南中之地，虽然偏安一隅，但其地为制衡西部的一个重要区域，即关陇、河西的侧后方，是其稳定的重要因素之一。又居荆、扬上游，也是东晋沿江一线安危的关键环节，故地理位置十分重要。因此从全局来看，成汉国家对两晋政局发挥了一定影响，主要体现在其成为南北制衡的一个边缘环节。

从两晋十六国各方的利益纠葛来看，北方的石氏后赵对成汉较为重视，主要目的在于促使其在西部牵制东晋。而成汉也因与东晋接壤较多，且最初即从西晋地方官手中夺取的益州控制权，故对其多有不恭，尤其在梁州、荆州、宁州地区与东晋争夺最多。南方的东晋虽然与成汉不断交流往来，但更多的仍是针对成汉的军事行动，这主要是因为成汉居于荆、扬上流，威胁较大，而且自立为帝，对东晋颇不恭敬。此外，北方的前凉与成汉虽然没有发生直接冲突，但双方外交往来较多。对于前凉来说，主要是借助成汉的地理优势来完成自身与东晋的交通往来，成汉则更多是想获得前凉的政治认可，以强化自身独立建国的自信。仇池政权与成汉的交往原因更为直接，成汉从地理方位来说是仇池政权的地理后方，故此有杨氏在仇池无法立足之时会选择南投成汉情况的出现，但回归仇池之后又对成汉没有更多顾忌，则主要是因为成汉自身能力有限，仇池地区险要，故仇池面对成汉能够守则有余。成汉则想借助仇池杨氏向北扩展疆土。因此，在两晋十六国时期以上各方的利益博弈之中，成汉均发挥了其影响。

此外，成汉政权也在客观上对周边政权产生了一些影响。如流民集团在巴蜀作战时导致本地百姓外流，其中一方面即东边的荆州地区，流入人口众多，另有流入南中地区者，导致南中户口增长九倍，这些人在荆州、南中与两晋地方官产生矛盾、发动起义，影响了两晋荆州、南中的政局。其中还包括成汉内部政治斗争失败者，他们逃往周边国家，如往东晋、后赵，也都对该国，以及成汉与该国关系产生了影响。

而从成汉国家内部来说，因其近五十年的割据统治，其对国家所在区域的各个方面均发挥了一定的影响。

首先，在区域社会稳定上。李氏流民集团最初怀有流寇心态，行流寇所为，对巴蜀地区大为残害，导致了巴蜀社会的动荡。此后随着发展建国，其政策有所改变，为巴蜀社会的重归稳定和发展提供了条件，体现出了积极的一面。李雄时有"时海内大乱，而蜀独无事，故归之者相寻"[1] 的说法，虽然可能有所夸张，但也可见大成政权社会环境的良好。但其末年统治阶层腐败，并放纵僚人北上等行为再次导致了巴蜀社会的紊乱。

其次，在区域政区方面。成汉政权在益、宁等州对西晋行政区划做了有针对性地调整，如李雄招徕流民曾侨置汉原、沈黎两郡等，以便于统治。

再次，在区域经济方面。李氏在益州的建国过程导致巴蜀民大量外流，给区域经济带来沉重打击。此后，基于外部各政权尤其是两晋一时无暇顾及巴蜀，以及益州地区自身险阻、富饶的地理优势，李氏开始招徕流民，补充了巴蜀地区的劳动力，降低赋税给了经济复苏的空间，对区域经济的恢复和发展均有所贡献。但同时出现了兼并加剧的情况。而南中地区则因流民的到来而户口激增，增加了大量劳动力，促进了南中的开发。

从次，在区域文化方面。李雄等统治者在巴蜀地区兴学重教，对中原传统文化在巴蜀地区的保留和发

---

1 （唐）房玄龄：《晋书》卷 121《李雄载记》，第 3040 页。

展也起到了一定的推动作用。但从整体上看，六郡流民在益州反复争战也导致士人外逃、书籍流散，对两汉以来的文化繁荣局面是一个打击。

最后，在区域民族关系方面。如在推动僚人入蜀问题上，僚人入蜀后引发了区域民族矛盾的上升，因此成汉在此一方面造成了一些不好的影响。但从长期影响来看，作为少数民族出身的李氏一族在入蜀后经过几代人、数十年的发展，自身已经慢慢融合于汉人之中。随其进入益州的氐羌少数民族人群也在发展过程中加快融入汉人。其引入僚人等的行为虽然短期内扰乱了巴蜀社会，但也在一定程度上加快了僚人等的民族融合进程。而对南中地区政策的调整，也为缓和地区民族矛盾起到了一定的积极作用。[1]

1　相关研究可参见李绍先《成汉古巴蜀开发历史略论稿》，《德阳教育学院学报》2001 年第 4 期；周蜀蓉《成汉前期巴蜀之民外流及其影响》，《成都大学学报》（社会科学版）2004 年第 1 期。

附　录

一　成汉大事年表

东汉兴平元年（194）

张鲁据汉中，賨人多流入汉中依附张鲁，被称为"杨车巴"。

建安二十年（215）

曹操击平张鲁，李虎与杜濩等五百余家迁徙略阳。

西晋元康六年至九年（296~299）

氐人齐万年起义，天水等六郡流民入蜀。李氏在此过程中逐渐成为流民核心。

永康元年（300）

益州刺史赵廞为割据巴蜀，引李特兄弟为爪牙。

十二月，赵廞杀成都内史耿滕、西夷校尉陈总等，控制巴蜀。李庠等归于赵廞，加部曲督。又以破叛羌功加封威寇将军，假赤幢曲盖、封阳泉亭侯，赐钱百万、马五十匹。

永宁元年（301）

正月，赵廞杀李庠，李氏集团与赵廞决裂。李特等平赵廞之乱，入掠成都；遣使至洛阳陈述赵廞罪状。朝廷以讨赵廞功拜李特为宣威将军、封长乐乡侯，李流为奋威将军、武阳侯。

三月，新任益州刺史罗尚到达成都。西晋下诏秦、雍，使召还流民入蜀者。李辅自略阳入蜀，告诫李特中原不足复还，李特开始有安于巴蜀的想法。

六月，罗尚限流民七月上道。流民请延期，不许。

七月，罗尚移书梓潼在各要路设立关卡，搜罗流民财物。

九月，罗尚遣军于绵竹，防备流民逃逸。辛冉悬赏李特兄弟，李特改其告示。

十月，李特结大营于绵竹东北之赤祖。李特行镇北将军事，承制封拜属官，加李流行镇东将军，号东督护。李特取广汉，以李超为广汉太守。进迫成都。李特自称使持节、大都督、镇北大将军，流民集团各有封拜，流民统治集团建立。李特与蜀人约法三章。
罗尚因连续败于李特，建郫江防线。

太安元年（302）

五月，西晋三路进攻流民军，为李特所败。李特
自称益州牧、大将军、大都督、都督梁益二州诸军事。

八月，李特攻杀广汉太守张微，以骞硕守德阳。
骞硕掠地到达巴郡之垫江。

秋，南中大姓毛诜、李叡逐建宁太守徐俊，朱提
大姓李猛逐朱提太守雍约，起兵响应李特。

十一月，西晋复置宁州，以李毅为刺史。

太安二年（303），李特建初元年

正月，李特攻破罗尚郫县防线，西晋蜀郡太守降，
李特以李瑾为蜀郡太守。李特入据少城，改元建初。
李特分六郡流民于各坞堡。荆州援益州水军三万至德
阳，罗尚派人勾结诸坞堡攻击李特。

二月，罗尚遣兵掩袭李特，诸村坞堡同时俱发，
李特败死。李流、李雄合余众还保赤祖。李流称大
将军、大都督、益州牧。孙阜攻破德阳，获骞硕。

三月，罗尚又遣张龟、常深等攻李流，涪城药绅

272

等响应罗尚，氐人苻成、隗伯等叛李流，李流击败各军，但李荡战死。

五月，李流准备向罗尚投降。李雄、李离等反击孙阜取胜。荆州军退出益州。李雄统军。

七月，李雄占领郫城。流民军饥乏，获得范长生支持。

九月，李流病卒。流民推李雄为大都督、大将军、益州牧，治郫城。李雄进攻成都，入少城。李骧攻犍为，俘犍为太守，切断罗尚粮道。隗伯被李雄生擒。

闰十二月，李雄击走罗尚，流民军占领成都。流民就食于郪。

永兴元年（304），成都王李雄建兴元年

正月，罗尚逃至江阳。西晋诏罗尚统巴东、巴郡、涪陵以供军赋。

十月，李雄即成都王位于南郊，大赦境内，建元建兴，具置百官，废除西晋旧法，约法七章。

十一月，罗尚移屯巴郡，遣兵掠蜀中，俘李骧妻、子。

十二月，李雄太尉李离伐汉中，杀都战帅赵汶。

永兴二年（305），建兴二年

八月，李雄遣李骧进攻汉安。

光熙元年（306），建兴三年、大成晏平元年

三月，李雄鼓动宁州夷人叛乱，围攻宁州城。宁州刺史李毅死，宁州将吏推毅女李秀领州事，闭城自守。范长生从青城山来到成都，李雄拜其为丞相、尊为"范贤"，范长生劝李雄称帝。

六月，成都王雄即帝位，国号大成，改元晏平。追尊李特为景皇帝，庙号始祖。尊范长生为四时八节天地太师，封西山侯。

十二月，李雄遣别帅李离寇掠梁州。

永嘉元年（307），晏平二年

三月，关中流民邓定、訇氏等掠汉中。梁州刺史张殷遣巴西太守张燕围之，訇氏求救于李雄。

五月，李雄遣李离、李云、李璜、李凤率军入汉中救邓定，大败梁州兵，并迁汉中民于成都。

永嘉二年（308），晏平三年

十二月，成尚书令杨褒卒。平寇将军李凤屯晋寿，屡攻汉中，汉中民东走荆沔。

永嘉三年（309），晏平四年

十月，天水人訇琦等杀成太尉李离、尚书令阎式，以梓潼降罗尚。

十二月，訇琦等将李离母、子送于罗尚，罗尚斩之，并以李离妻女分赐将士。李雄遣李骧、李云、李璜攻梓潼，不克，李云、李璜战死。谯登攻克宕渠，杀成巴西太守马脱，又入据涪城。

永嘉四年（310），晏平五年

二月，成太尉李国镇巴西，部下文硕杀李国，以巴西降罗尚。

四月，成收复梓潼，以张宝为太尉。

七月，罗尚卒于巴郡，西晋以皮素为益州刺史。

十一月，汉太傅李骧攻谯登于涪城。

十二月，皮素至巴郡，为罗尚子罗宇派人刺杀。巴东监军韩松为益州刺史、西夷校尉，治巴东。

是岁，宁州刺史王逊到达宁州。

永嘉五年（311），大成玉衡元年

正月，李骧攻拔涪城、李始攻拔巴西。李雄大赦，改元玉衡。成军攻僰道，击走犍为太守魏纪，杀江阳太守姚袭。

二月，成叛将苻成、隗文叛于宜都，逃往巴东。建平都尉暴重讨之未下。暴重杀韩松，自领三府事。

三月，益州官员共杀暴重，上表巴郡太守张罗行三府事，治枳。张罗自讨隗文，败死。隗文等略吏民西上投降李雄。成将任回获西晋犍为太守魏纪。三府文武表请平西司马王异行三府事、领巴郡太守。

永嘉六年（312），玉衡二年

八月，西晋阴平都尉董冲逐太守王鉴，以郡降于成。西晋龙骧将军、江阳太守张启与罗琦杀王异，张启行三府事，罗琦为巴郡太守。启病亡，三府文武共表涪陵太守向沈行西夷校尉，率吏民南入涪陵。

建兴元年（313），玉衡三年

三月，向沈卒，部属等共推汶山太守兰维为西夷校尉。兰维等想东下巴东，为李雄将李恭、费黑所获。

建兴二年（314），玉衡四年

正月，杨虎率汉中吏民奔成；扶风人邓定率流民数千家入蜀；梁州人张威等逐杨难敌，以梁州归成。李雄以李凤为征北大将军、梁州刺史，任回为镇南大将军、南夷校尉、宁州刺史，李恭为征东大将军、南蛮校尉、荆州刺史。武都氐王杨难敌以子为质于大成，天水陈安向李雄称臣，西晋湘州刺史杜弢向大成遣使通好，汉嘉夷王冲归遣子为质于成，朱提雷炤率民归降大成，梁水太守爨量、益州太守李遏等向大成投诚示好。李雄兴学校，置史官，减轻赋、调。

建兴三年（315），玉衡五年

正月，李雄立任氏为皇后。

建兴三年（316），玉衡六年

五月，平夷太守雷炤、流民阴贡、平乐太守董霸帅三千余家降于成。

东晋建武元年（317），玉衡七年

正月，李雄遣李恭、罗演攻巴东。

太兴元年（318），玉衡八年

四月，成丞相范长生卒。李雄以其子范贲为丞相。

十二月，成梁州刺史李凤以巴西叛，李骧讨斩之；以李寿为梁州刺史、督巴西郡，总理北方。

太兴二年（319），玉衡九年

成李骧伐越嶲，又分伐朱提。

太兴三年（320），玉衡十年

七月，前赵攻仇池，杨难敌与弟坚头奔汉中，又奔晋寿，降于成。赵兵退走后，杨难敌还武都叛。李雄发兵讨之，不利，李稚、李琀战死。

永昌元年（322），玉衡十二年

五月，李雄将张龙寇巴东，为东晋建平太守柳纯所败。

太宁元年（323），玉衡十三年

正月，成李骧、任回攻台登，东晋将军司马玖战死。李骧率军讨伐越嶲，分兵讨朱提。越嶲太守、西夷校尉李钊、汉嘉太守王载降于李骧。李雄以李钊决断朝廷礼仪。

五月，李骧等攻宁州，东晋宁州刺史王逊遣将姚岳御之，战于堂狼，大破李骧。越嶲斯臾反，围攻大成任回及太守李谦，李雄遣征南将军费黑救之。

太宁二年（324），玉衡十四年

正月，李雄立兄子李班为太子。

十二月，东晋梁水太守爨量、益州太守李逷以兴古郡降于成。

太宁三年（325），玉衡十五年

十二月，东晋宁州刺史尹奉到任，重金募徼外夷人刺杀爨量，招降益州太守李逷。

咸和元年（326），玉衡十六年

六月，成破越巂斯叟。

九月，成将张龙攻涪陵，执太守谢俊。

咸和二年（327），玉衡十七年

正月，宁州秀才庞遗起兵攻成将任回、李谦等，李雄遣罗恒、费黑救之。东晋宁州刺史尹奉遣裨将姚岳、朱提太守杨术援遗，战于台登，东晋兵败，杨术战死。李谦移越巂郡民于蜀。

咸和三年（328），玉衡十八年

十月，成将张龙攻涪陵，俘太守赵弼。

冬，成太傅、汉王李骧卒，子李寿以丧自晋寿还。拜李玝为征北将军、梁州刺史，代寿，修晋寿军屯。

咸和五年（330），玉衡二十年

十月，成拜李寿为督中外诸军事、大将军、中护

军、西夷校尉、侍中、录尚书事，封扶风公。李寿率
征南将军费黑、征东将军任邵攻巴东，至建平。

咸和六年（331），玉衡二十一年

春，成大将李寿还成都。任邵屯巴东。李雄以子
李越为车骑将军，屯广汉。

七月，李寿伐阴平、武都，迫降杨难敌。

冬，李雄修筑涪城。

咸和七年（332），玉衡二十二年

秋，李寿南征宁州。

十月，李寿、费黑至朱提，朱提太守董炳固守。东
晋宁州刺史尹奉遣建宁太守霍彪、大姓爨深等助董炳。

咸和八年（333），玉衡二十三年

正月，成兵围朱提百日，东晋太守霍彪、董炳
出降。

三月，东晋宁州刺史尹奉举州投降李寿，李寿送
尹奉于蜀。李雄以李寿为宁州刺史。

秋，建宁民毛衍、罗屯等反，杀成太守邵攀。牂
柯太守谢恕举郡投降东晋，李寿破之。李雄遣李班讨
平宁州夷人，以班为抚军将军。

咸和九年（334），玉衡二十四年

三月，成分宁州置交州，以霍彪为宁州刺史，爨深为交州刺史。封李寿为建宁王。张骏遣使遗李雄书，劝雄去尊号称藩于晋。此后，成、凉使聘相继。

六月，李雄病卒，年 61 岁，谥号武皇帝，庙号太宗。李寿还成都，受遗诏辅政。太子班即位，以建宁王寿录尚书事。

十月，葬李雄于成都安都陵。李雄子车骑将军李越杀李班，上李班谥号戾太子。李班之弟李玝与其将焦珍、罗凯等投降东晋。李期即皇帝位，改元玉恒。以李越为相国、大将军、建宁王，与李寿并录尚书事。进李寿大都督、中护军，改封汉王。

咸康元年（335），李期玉恒元年

正月，李期以尹奉为右丞相，王瓌为司徒。

秋，李班以景骞为尚书令，费黑为司隶校尉，罗演为仆射。

九月，李班之舅罗演与汉王（李寿）相上官澹谋杀李期，立李班子李幽。事觉，李期杀演、澹及班母等。

咸康二年（336），玉恒二年

十月，李期诬成尚书仆射、武陵公李载谋反，杀之。东晋广州刺史邓岳派遣督护王随击夜郎、新昌太守陶协击兴古，自成国夺取两地。

十一月，东晋遣建威将军司马勋屯兵汉中，为成李寿所败，李寿遂置汉中守宰，戍南郑而还。

咸康四年（338），汉李寿汉兴元年

四月，李寿自涪率精骑一万赴成都，废李期自立，改国号汉，建元汉兴。以董皎为相国，罗恒为尚书令，解思明为广汉太守，任调为镇北将军、东羌校尉、梁州刺史，李奕为镇西将军、西夷校尉，李权为宁州刺史。卿佐皆用旧僚佐，成都诸李子弟无复秉兵马形势者，李雄时旧臣及六郡人皆被斥废。废李期为邛都县公。

五月，李期自杀，李寿上李期谥号幽公，以王礼安葬。追改戾太子李班为哀皇帝。

七月，广汉太守李乾与大臣合谋废李寿，寿使子李广与诸大臣结盟，约为兄弟。以李乾为汉嘉太守，李闳为征东将军、荆州刺史，移镇巴郡。

八月，蜀地暴风雨镇坏宫殿端门，禾苗损伤导致

百姓饥疫，李寿命大臣上奏得失，龚壮建议归晋。

九月，汉仆射任颜谋反被诛。李寿尽诛李雄诸子。

咸康五年（339），汉兴二年

二月，东晋伐巴东，俘获汉镇将李闳。

三月，李寿拜李奕为镇东将军。

夏，东晋广州刺史邓岳将兵攻宁州，汉建宁太守孟彦缚刺史霍彪以郡降晋。李寿右将军李位都率兵讨伐。

秋，汉以李摅为御史，入南中安抚人心。

九月，李寿病，罗恒、解思明劝说李寿降号尊晋，李演也自越嶲上书劝李寿降号称王。李寿怒杀李演。

十二月，汉李奕击巴东，东晋守将劳杨败死。

咸康六年（340），汉兴三年

三月，汉将李位都入宁州攻拔丹川，东晋守将战死。

九月，先，后赵石虎遗李寿书，欲与联兵攻东晋，中分江南。是月，汉以尚书令马当为六军都督，集士卒七万余人，大阅兵于成都，为群臣劝止。

十月，李寿宴礼于太学，举明经者为好学侯。

是岁，李闳自后赵返成都。

咸康七年（341），汉兴四年

十二月，李寿以太子李势领大将军、录尚书事。自李闳从邺还，盛称邺中繁富，宫殿壮丽，且言赵王石虎以刑杀御下。李寿慕之，徙傍郡民三丁以上家庭充实成都，大修宫室、扩大太学，扩充尚方府。人有小过，辄杀以立威。左仆射蔡兴、右仆射李嶷皆坐直谏死。

建元元年（343），汉兴六年

李寿分宁州六郡为汉州。

四月，李寿病重，见李期等为祟。

八月，李寿卒。谥号昭文，庙号中宗，葬于成都安昌陵。李势即位。

建元二年（344），李势太和元年

正月，李势改元太和，尊母阎氏为皇太后，妻李氏为皇后。

四月，太史令韩皓上奏"荧惑守心"天象，李势命祭祀李特、李雄宗庙，并改为汉祀。

八月，李势弟李广见势无子，求立为皇太弟，马当、解思明劝之，李势怀疑双方有阴谋，收马当、解

思明杀之，并迫使李广自杀。

九月，东晋巴东太守杨谦击走汉将申阳。

永和元年（345），太和二年

十二月，汉将爨頠投奔东晋。

永和二年（346），太和三年、嘉宁元年

十月，汉太保李奕自晋寿举兵反，蜀人多从，众数万，攻成都，李奕战死。李势改元嘉宁。

十一月，东晋安西将军、荆州刺史桓温率师伐汉。

永和三年（347），嘉宁二年

二月，桓温兵到青衣，李势发大兵迎战。

三月，桓温兵到彭模，留老弱看守辎重，率步兵直驱成都。李势作战不利，逃往晋寿。

三月十七日，李势送降文于桓温。汉亡。李势被送往建康，封为归义侯。故汉国尚书仆射王誓、镇东将军邓定、平南将军王润、将军隗文等叛，为桓温击破。

四月，邓定、隗文入据成都。

七月，邓定、隗文立范长生子范贲为帝，以道术招徕蜀人。

永和五年（349）

四月，范贲为东晋益州刺史周抚等击斩。蜀地平。

升平五年（361）

李势卒于建康。

二 李氏家族世系、婚姻表

第一代	第二代	第三代	第四代	第五代	第六代
李虎	李慕	李辅			
		李特 ？～303 罗氏	李始		
			李荡 ？～303 罗氏	李玝？～318	李礶
				李都？～334	
				李稚？～318 昝氏	有子335年 为李期所杀
				李班 297～334[1]	李幽
					李颙
				李玕？～347	334降晋
			李雄 274～334 任氏 冉氏	李越	
				李霸？～336	
				李期 314～338 阎氏	

---

[1] 关于李班生年，任乃强注本《华阳国志》已有较详细考证，参见该书第498页注释①。

第一代	第二代	第三代	第四代	第五代	第六代
李虎	李慕	李特 ? ~ 303 罗氏	李雄 274 ~ 334 任氏 冉氏	李保? ~ 336	
				李豹? ~ 338	
		?	?	?	李载 （? ~ 336 李期从子）
		李特妹 婿李含			
		李庠 247 ~ 301			
		李流 248 ~ 303	李龙		
			李世		
			李置		
		李骧 ? ~ 328 昝氏	李寿(一) 300 ~ 343 阎氏 李凤女	李势(二) 李氏	
				李广	
				李福	
				李势妹	
			李寿妹 婿任调		
			李攸（养子） ? ~ 338		
			李云 （李雄从弟）		
			李璜 （李雄从弟）		
				李权 （势从兄）	

三 成汉人物、出身、职官表

李特时期

人物	职官	出身	备注
王角 李基	牙门 牙门	六郡流人 六郡流人	击败赵廞后两人被遣往洛阳,此时李特所部均为六郡流人,故两人也应为六郡籍贯
李流 248~303	镇东将军、东都护	李特弟	
李辅 ? ~303	骠骑将军	李特兄	
李骧	骁骑将军	李特弟	
李始	武威将军	李特子	
李荡 ? ~303	镇军将军	李特子	
李超	广汉太守		
李雄	前将军	李特子	
李含	六郡人部曲督;西夷校尉	李特妹婿	
上官惇	将帅(爪牙、参佐)、司马	天水人	
李武		六郡豪酋、故晋陈仓令	陈仓属扶风,故李武应出身六郡
任臧	将帅(爪牙、参佐);德阳太守	天水人	晋上邽令

人物	职官	出身	备注
阎式	僚佐（宾从）	天水人、故晋始昌令	始昌属天水郡
李远 ? ~303	僚佐（参佐）	阴平人	故晋阴平令
杨褒	将帅（爪牙、参佐）、将兵都尉	天水人	
杨发	参佐	天水人	
李攀 ? ~302	将帅、谏议大夫	扶风人	
王辛	李特司马		
骞（蹇）硕	德阳太守（一说守德阳）		
李瑾	蜀郡太守		
李国	将帅	李含子	
李离	将帅	李含子	
任回	将帅	天水人	
李恭	将帅	李攀弟	
上官晶	将帅	天水人	
费他（佗）	将帅	始平人	
杨珪	爪牙（参佐）	天水人	

289

人物	职官	出身	备注
王达	爪牙（参佐）	天水人	
魏歆	爪牙（参佐）	天水人	
李博	僚属（参佐）	武都人	
夕斌	僚属（参佐）	略阳人	
严柽	僚属		
上官琦	僚属		
李涛	僚属		
王怀	僚属		
何世（巨）	腹心（宾从）	六郡豪酋	何世为李特同移入蜀者，具体籍贯不详
赵肃	腹心（宾从）	六郡豪酋	赵肃为李特同移入蜀者，具体籍贯不详

李流时期

人物	职官	出身	备注
李含	太守		
李离	梓潼太守	李含子	
徐轝	安西将军	故晋平西将军、涪陵人	

李雄时期

人物	职官	出身	备注
李溥	犍为太守、益州刺史		
李骧 ?~328	太傅	李雄叔	
李始	太保	李雄兄	
李离 ?~309	折冲将军；太尉	李含子	
李云 ?~309	建威将军；司徒	李国从弟、李雄从弟	
李璜 ?~309	翊军将军；司空	李国从弟、李雄从弟	
李国 ?~310	材官将军；太宰	李含子	
阎式 ?~309	尚书令	天水人	
杨褒 ?~308	仆射；丞相	天水人	
杨发	侍中	天水人	
杨珪	尚书	天水人	
徐轝	镇南将军	故晋平西将军、涪陵人	
王达	军师；司徒	天水人	
范长生 约218~318	丞相；天地太师、西山侯	涪陵丹兴人	
李寿	前将军、梁州刺史；征东将军；扶风公；都督中外诸军事、大都督、大将军、中护军、西夷校尉、录尚书事、侍中、宁州刺史、建宁王	李骧子	

人物	职官	出身	备注
李凤 ?~318	平寇将军；征北将军、梁州刺史		
张宝	雄将；太尉		
任回	镇南将军、南夷校尉、宁州刺史	天水人	
李恭	征南将军、南蛮校尉、荆州刺史	李攀弟	
李稚 ?~318	安北将军	李荡子	
李玝 ?~318	侍中、中领军	李荡子	
赵肃	司空	六郡豪酋	
上官惇	司空	天水人	
乐次	将军		
费他	将军	始平人	
李乾	将军		
费黑	征南将军；李寿司马		
范贲	侍中；丞相	范长生子	
李谦	越嶲太守		
李玝	征北将军、梁州刺史	李荡子	
李班	平南将军、抚军将军	李荡子	
任邵 （石巳）	征东将军		
李越	车骑将军	李雄子	
邵（卬）攀	建宁太守		

续表

人物	职官	出身	备注
谢恕	牂柯太守		
马脱 ?~309	巴西太守		
霍彪	宁州刺史	故晋建宁太守	
爨深	交州刺史	宁州夷帅	
严柽	蜀郡太守、益州刺史		
李壮	平乐太守	朱提人	
李播	南广太守	朱提人	
张龙	将	不详	
罗恒	将	略阳人	
任小	巴郡太守	李雄姨弟	

李班时期

人物	职官	出身	备注
李寿	录尚书事	李骧子	
何点	司徒		
王瓛	尚书令		
文夔	师友（宾友）	天水人	
董融	师友（宾友）	陇西人	
王嘏	宾友		名士
李越	车骑将军	李雄子	
李期	建威将军；安东将军	李雄子	
李都	领军将军	李班兄 （一作弟）	

続表

人物	职官	出身	备注
韩豹（约）	太史令		
尹奉	卫将军	故晋宁州刺史	
景骞	司隶		
费黑	征南将军		
焦呛	李㐒将	不详	
罗凯	李㐒将	不详	

李期时期

人物	职官	出身	备注
李越 ?~338	相国、大将军、建宁王、录尚书事	李期兄	
李寿	大都督、梁州刺史、东羌校尉、中护军、录尚书事、汉王	李骧子	
李霸 ?~336	中领军、镇南大将军	李期兄	
李保 ?~336	镇西大将军、西夷校尉、汶山太守	李期弟	
李始	征东大将军	李期从父	
尹奉	右丞相、骠骑将军	故晋宁州刺史	
王瓌	司徒		
景骞 ?~338	尚书令、河南公		
费黑	司隶		

人物	职官	出身	备注
罗演 ?~335	仆射	李班舅	
上官澹 ?~335	汉王相	天水人	
姚华 ?~338	尚书		
田褒 ?~338	尚书		
许涪 ?~338	中常侍		
李载 ?~336	尚书仆射、武陵公	李期从子	
谯秀	汉王宾客	巴西人	
罗恒	汉王长史	略阳人	
解思明	汉王长史	巴西人	
李攸 ?~338	安北将军	李寿养弟	
李奕	寿将		
李势	翊军校尉	李寿子	
李遐 ?~338	征西将军		
李西 ?~338	将军		
蔡兴	汉王司马		
李艳	汉王侍中	李闳弟	

李寿时期

人物	职官	出身	备注
董皎	相国		
罗恒 ?~345	尚书令、股肱	略阳人	
解思明 ?~345	广汉太守、谋主	巴西人	
任调	镇北将军、梁州刺史、东羌校尉、爪牙	李寿妹夫	
李奕	西夷校尉、镇西将军、爪牙；镇东大将军		
李权	宁州刺史、镇南将军、南夷校尉	李寿从子	
马当	股肱；尚书令、六军都督		
李闳	征东将军、荆州刺史、爪牙	李龚子	
李乾	广汉太守、汉嘉太守	李奕从兄	
任颜 ?~338	仆射	任太后弟	
霍彪	宁州刺史	故晋建宁太守	
孟彦	建宁太守	宁州大姓	
李位都	右将军		
李摅	尚书；御史	广汉人	祖李毅，晋故宁州刺史
杜袭	舍人		一说龚壮
王韬	车骑将军；参军		
王嘏	散骑常侍		名士
王广	中常侍		
李势	大将军、录尚书事	李寿子	
蔡兴 ?~341	左仆射		
李巂 ?~341	右仆射		

李势时期

人物	职官	出身	备注
韩晧	太史令		
李广 ?~345	大将军、汉王	李势弟	
李奕 ?~346	太保		
董皎	相国、太师		
李福	右卫将军	李势弟（叔）	
李权	镇南将军	李势从兄	
昝坚	前将军		
李位都	镇军（东）将军		
王幼	散骑常侍		
谯献之	司空	巴西人	
王嘏	侍中、中书监		名士
常璩	散骑常侍	蜀成都人	
冯孚	侍中		
王誓	尚书仆射		
邓定	镇东将军	扶风人	
王润	平南将军		
隗文	将军	氐族	
申阳	将	不详	
乐高	将	不详	
爨頠	将	宁州大姓	

主要参考文献

古籍文献

《史记》

《汉书》

《后汉书》

《三国志》

《晋书》

《魏书》

《宋书》

《东观汉记》

《华阳国志》

《世说新语》

《资治通鉴》

《水经注》

《元和郡县图志》

《太平寰宇记》

《十六国疆域志》

《路史》

《太平御览》

《通典》

《伪成将相大臣年表》

今人专著

杨伟立:《成汉史略》,重庆出版社,1983。

陈连庆:《中国古代少数民族姓氏研究》,吉林文史出版社,1993。

尤中:《中国西南民族地区沿革史(先秦至汉晋时期)》,民族出版社,2005。

姚薇元:《北朝胡姓考》(修订本),中华书局,2007。

马长寿:《氐与羌》,广西师范大学出版社,2006。

周一良:《魏晋南北朝史札记》,中华书局,2007。

孙英刚:《神文时代:谶纬、术数与中古政治研究》，上海古籍出版社，2014。

杨铭：《氐族史》，商务印书馆，2014。

林富士：《巫者的世界》，广东人民出版社，2016。

牟发松、毋有江、魏俊杰：《中国行政区划通史》，复旦大学出版社，2016。

胡鸿：《能夏则大与渐慕华风：政治体视角下的华夏与华夏化》，北京师范大学出版社，2017。

魏俊杰：《十六国疆域与政区研究》，复旦大学出版社，2018。

胡阿祥：《吾国与吾名：中国历代国号与古今名称研究》，江苏人民出版社，2018。

〔日〕三崎良章：《五胡十六国——中国史上的民族大迁徙》，商务印书馆，2019。

期刊、报纸、论文集

唐长孺：《范长生与巴氐据蜀的关系》，《历史研究》1954年第4期。

唐长孺：《晋代北境各族"变乱"的性质及五胡政权在中国的统治》，《魏晋南北朝史论丛》，三联书店，

1955。

章冠英:《两晋南北朝时期民族大变动中的廪君蛮》,《历史研究》1957 年第 2 期。

四川省博物馆:《四川牧马山灌溉渠古墓清理简报》,《考古》1959 年第 8 期。

简修炜:《试论西晋末年李特、李流领导的流民暴动的性质》,《史学月刊》1964 年第 12 期。

漆泽邦:《试论李特起义和成汉政权》,《西南师范大学学报》(人文社会科学版),1979 年第 2 期。

童超:《论李特兄弟领导的武装斗争及成汉政权的性质》,《社会科学研究》1980 年第 2 期。

杨伟立:《賨人建国史略》,《西南民族学院学报》(人文社科版)1980 年第 3 期。

杨伟立:《论李特起兵及其所建政权的性质》,《西南师范大学学报》(人文社会科学版)1980 年第 2 期。

四川省博物馆:《四川文物考古工作三十年》,《文物考古工作三十年(1949—1979)》,文物出版社,1979。

王毅、罗伟先:《成汉墓考古记》,《成都文物》

1986 年第 2 期。

刘九生:《巴賨建国的宗教背景》,《陕西师范大学学报》(哲学社会科学版) 1986 年第 1 期。

靳润成:《十六国国号与地域的关系》,《历史教学》1988 年第 5 期。

邓代昆:《成汉"玉衡九年行中阎月十日始"砖铭考释》,《四川文物》1989 年第 1 期。

林集友:《成都外南成汉墓主试探》,《四川文物》1989 年第 6 期。

林集友:《成都外南成汉墓主再探》,《四川文物》1997 年第 1 期。

段玉明:《范长生与巴氏据蜀关系再探》,《云南教育学院学报》1989 年第 3 期。

张泽洪:《"巴氏"辨疑》,《民族研究》1990 年第 5 期。

刘世旭、刘弘:《西昌市西郊乡发现成汉墓》,《四川文物》1991 年第 3 期。

沧洲:《十六国时成国的梁州先治于晋寿,后移于涪》,《中国历史地理论丛》1992 年第 3 期。

杨德华:《论两晋时期宁州的设置及变动》,《云南教育学院学报》1992年第4期。

吴怡:《成汉墓小考》,《四川文物》1992年第2期。

吴怡:《"玉衡二十四年亲诏书立"与成汉墓主人》,《文物考古研究》,成都出版社,1993。

刘弘:《成汉俑新说》,《四川文物》1995年第4期。

肖迎:《成汉统治期间在西南民族地区设置的郡县》,《思想战线》1995年第5期。

王尧:《赟王封号考》,《西藏研究》1995年第2期。

陈德福、周尔太:《成都文物古迹大量被毁急待抢救》,《中国文物报》1995年2月19日,第2版。

张雄:《魏晋十六国以来巴人的迁徙与汉化趋势》,《中南民族学院学报》(人文社会科学版)1998年第4期。

张晓莲:《试论魏晋时期的巴蜀士族》,《川东学刊》(社会科学版)1998年第4期。

李绍先:《成汉古巴蜀开发历史略论稿》,《德阳教育学院学报》2001年第4期。

曾咏霞:《成都小南街遗址出土的直书汉兴钱》,《中国钱币》2002年第2期。

姚乐野、段玉明:《论李氏据蜀与南中的关系》,《贵州民族研究》2004年第4期。

周蜀蓉:《成汉前期巴蜀之民外流及其影响》,《成都大学学报》(社会科学版)2004年第1期。

刘屹:《近年来道教研究对中古史研究的贡献》,《中国史研究动态》2004年第8期。

缪钺:《〈巴蜀文化初论〉商榷》,《缪钺全集》第一卷(上)《冰茧庵读史存稿》,河北教育出版社,2004。

程刚:《巴氏人的起源与成汉政权的建立》,《信阳农业高等专科学校学报》2005年第4期。

翁家烈:《成汉政权及其族属》,《贵州民族研究》2006年第5期。

刘扬:《浅析成汉的汉化》,《宜宾学院学报》2007年第5期。

德阳市文物考古研究所、什邡市文物保护管理所：《四川什邡市虎头山成汉至东晋时期崖墓群》，《考古》2007 年第 10 期。

金仁义：《桓温伐成汉考述》，《安庆师范学院学报》（社会科学版）2008 年第 1 期。

曾维加：《賨族与道教及大成国的关系探析》，《中南民族大学学报》（人文社会科学版）2008 年第 1 期。

陈侃理：《赵李据蜀与天师道在曹魏西晋时期的发展》，《北大史学》2008 年第 13 期。

陈寅恪：《魏书司马叡传江东民族条释证及推论》，《金明馆丛稿初编》，三联书店，2009。

郑欣：《西晋末年的流民起义》，《魏晋南北朝史探索》，山东大学出版社，2009。

张炜：《试论成汉政权灭亡的内部原因》，《河北经贸大学学报》（综合版）2010 年第 3 期。

邹绍荣、李小树：《公元 3~6 世纪巴蜀地区史学的发展》，《重庆社会科学》2010 年第 2 期。

卢升弟：《成汉吹箫陶俑：1700 年前的天外来

客？》,《中国文化报》2011年1月19日, 第6版。

袁克林:《我国最早的年号钱——汉兴钱初探》,《收藏界》2011年第11期。

王万隽:《秦汉魏晋安南北朝时期的蛮族研究综述》,《中国中古史研究:中国中古史青年学者联谊会会刊(第二卷)》, 中华书局, 2011。

彭丰文:《从〈华阳国志〉看两晋巴蜀士人的民族观念与国家认同》,《中国边疆民族研究》2013年第6期。

江玉祥:《賨人与賨国——宕渠历史文化散论》,《西华大学学报》(哲学社会科学版)2014年第2期。

王安泰:《皇帝的天下与单于的天下——十六国时期天下体系的构筑》,《皇帝·单于·士人:中古中国与周边世界》, 中西书局, 2014。

房鑫、李怡然:《历史上第一枚年号钱"汉兴钱"的产生考》,《学理论》2015年第6期。

陈辉:《民间信仰的新发展:论汉晋鬼道》,《重庆科技学院学报》(社会科学版)2015年第5期。

刘永兴:《氐族汉化窥探——以成汉为中心》,《亚太教育》2016年第26期。

王晴晴:《论成汉政权及其民族关系》,《赤峰学院学报》(汉文哲学社会科学版)2016年第5期。

周伟洲:《魏晋南北朝时期北方民族与民族关系研究(中)》,《北方民族大学学报》(哲学社会科学版)2016年第1期。

〔美〕祁泰履:《传统中国的民族身份与道教身份认同》,《正一道教研究》2016年第五辑。

索德浩:《成汉俑与三星堆器物坑青铜人像》,载《文物、文献与文化:历史考古青年论集(第一辑)》,上海古籍出版社,2017。

杨诗奇:《浅论成汉后期的侨旧斗争》,《安徽史学》(下半月)2017年第1期。

李磊:《〈华阳国志〉成汉史叙事中的"晋朝认同"》,《西南民族大学学报》(人文社会科学版)2017年第10期。

赵晨韵:《论南中大姓夷帅对成汉政权的影响》,《德宏师范高等专科学校学报》2018年第4期。

学位论文

杨诗奇:《成汉政权侨旧关系演进研究》，硕士学位论文，扬州大学，2018。

任艺:《成汉国史初探》，硕士学位论文，西北大学，2018。

索 引

T

W

后　记

本书的写作最初源起于作者获得 2016 年四川省人文社科基地区域文化研究中心项目"成汉建国中的文化、群体、国家认同构建研究"（QYYJC1609）立项。初期形成了《成汉权力构成及其灭亡原因新论》一文，并参加了 2016 年在西南民族大学举办的"中国民族史学会第十九次学术年会"讨论，获得与会专家学者的指点，并有幸收入《中华民族的凝聚与发展——中国民族史学会第十九次学术年会论文选集》（民族出版社，2018）。在此基础上，又获得 2016 年西华师范大学中国古代地方治理研究团队项目（CXTD2016-7）、2017 年西华师范大学青年教师科研资助专项（17D020）的支持，开始了《成汉国史》的写作。因学校教学、事务性工作等原因，写作断断续续持续到了 2018 年中才完成书的主体，但又面临出版的难题。幸运的是，此时我的博士导师周伟洲老师正在筹划十六国史新编的编辑出版工作，听到我们完成此书，即将我们的《成汉国史》列入其中。2019年初，本书定稿之后，又得到四川省社会科学重点研究基地区域文化研究中心后期项目（QYYJH1901）资助。定稿以后，我的研究生陆倩同学帮忙校对了全书文字和引文。总之，这本小书的出版得到了众多方面的支持和帮助，言不尽意，在此只能一并笼统致以谢意。

因本人能力不足，且巴蜀历史并非所长，故此书实无法做到尽善尽美，勉力为之，实望抛砖引玉，能为后来良史进一步升华研究铺路。

作　者

2019 年夏

图书在版编目（CIP）数据

成汉国史 / 高然, 范双双著. -- 北京：社会科学
文献出版社, 2020.7
（十六国史新编）
ISBN 978-7-5201-6275-3

Ⅰ. ①成… Ⅱ. ①高… ②范… Ⅲ. ①四川－地方史
Ⅳ. ①K297.1

中国版本图书馆CIP数据核字（2020）第028628号

· 十六国史新编 ·

成汉国史

著　者 / 高　然　范双双

出 版 人 / 谢寿光
责任编辑 / 高振华
文稿编辑 / 程彩彩

出　　　版 / 社会科学文献出版社（010）59367143
　　　　　　地址：北京市北三环中路甲29号院华龙大厦　邮编：100029
　　　　　　网址：www.ssap.com.cn
发　　　行 / 市场营销中心（010）59367081　59367083
印　　　装 / 三河市东方印刷有限公司

规　　　格 / 开　本：889mm×1194mm 1/32
　　　　　　印　张：11.5　插　页：0.25　字　数：164千字
版　　　次 / 2020年7月第1版　2020年7月第1次印刷
书　　　号 / ISBN 978-7-5201-6275-3
定　　　价 / 78.00元

本书如有印装质量问题，请与读者服务中心（010-59367028）联系